◉目次

怪食紀行秘蔵写真集

冒険する舌

THE EXPLORING TONGUE

小泉武夫
Takeo Koizumi

集英社インターナショナル

第三食◉風光を嗜《たしな》む。 69

第四食◉美味たらし。 169

写真◉小泉武夫
装幀・本文デザイン◉中城デザイン事務所

冒険する舌

第一食

野趣に齧《かぶ》り付く。

蜘蛛《クモ》を食う

「クモを食う」というと、多くの人は聞いただけで逃げ出してしまうかも知れないが、実はこの地球上にはまだこれを食材にしている民族がある。中南米の幾つかの国々の山岳民族、アフリカのブッシュマン、オセアニアの部族、東南アジアの高地人たちである。

　では、クモは一体美味《おい》しいのであろうかというと、実は食用とする巨大なクモは極めて美味《びみ》だ。捕まえたクモを、焚火の中にポイっと入れて焼き、その熱々のものを口に放り込んで喜んで食べている現地人もときどき見た。

　写真は、東南アジアのカンボジアで高地クメール族の人たちの食の文化を調査に行ったときのものである。①は食材としてのクモを手にして食べる直前の俺。②は土の中の巣から掘り出してきた商品としてのクモ。③はそのクモを煮付けてマーケットで売られていた惣菜《そうざい》グモ（クモの上はゲンゴロウムシ）である。

　クモを食べている人たちを知って、「雲の果ての話だなあ」などとびっくりする読者もいるだろうが、これは立派な食材であるから、現地の人たちにとっては当たり前のことである。貴重なタンパク源として重宝し、高価な鶏肉や豚肉は正月や祭り、結婚披露宴といった晴れの日のものにと、ちゃんと区別しているのだ。

　さてそのクモの味だけれども、これが実にうまい。

1

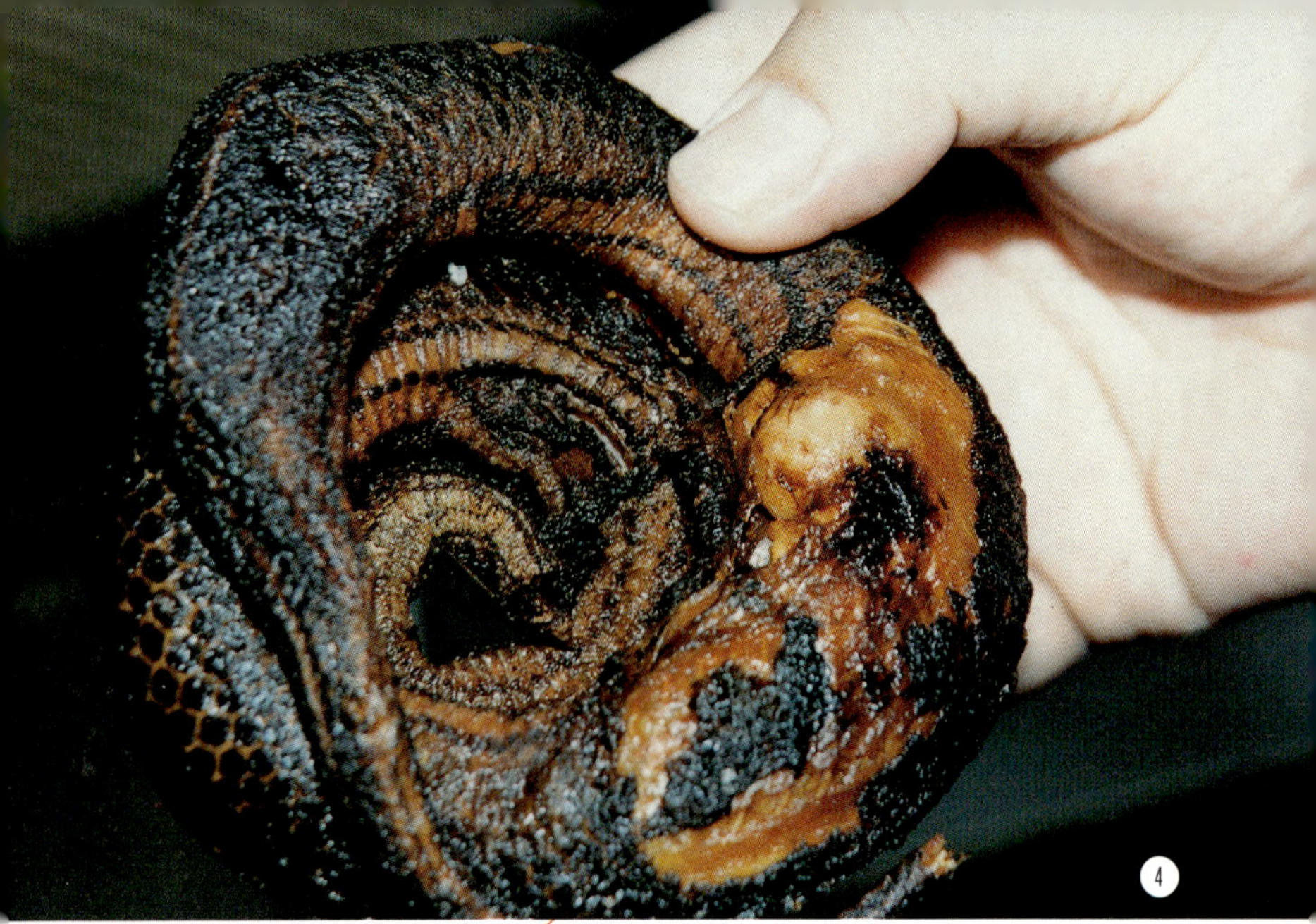

とりわけ巨大な惣菜グモはボリューム感もあり、何と言ってもシャリシャリとした歯応えの中に、ジュワリジュワリと湧き出てくるサワガニのようなうま味に感激した。クセもなく、脂ものってコク味も誠によろしい。ちなみに惣菜とするときの調理法は、淡水魚で造った魚醤《ぎょしょう》と油とで炒め煮のようにしたものである。

蛇《ヘビ》を食う

蛇を食べることについては、俺はこれまでいろいろな本に書いてきたのでその重複は避ける。カエルを食べるのと同じく、昔から貴重なタンパク源として、これを大切な食材としてきた民族は今でもこの地球上には数えきれないほど多くいるのであるから、決して「ゲテモノ食い」とか「奇食珍食の世界」というような見方をしてはいけない。

ここに載せた数枚の写真は、蛇を多く食べる東南ア

⑤

ジア、とりわけカンボジアやベトナム奥地の町や村にある、蛇売り屋台の前でのものである。まず、④は、皮も剝《は》がさずに、タレに漬けたままの焙り蛇である。蛇には、さまざまな料理法や食べ方があり、昔から多くの人たちの貴重な食材であったことを物語っている。この照り焼風焙り蛇は、香ばしい味と香りがして、大層美味しかった。これを干して、生干しぐらいに乾燥すると、10日以上も保存出来るというから、保存食品としての知恵も備わっているのだ。⑤で俺が持っている串は、食欲をそそるように竹串にうねり打ちして、調味ダレを付けて焼いた

⑥

7

ものでギンナンの実のように透明で光沢を放つ卵まで付けたまま売られていた。

　稲作民族の命である水田には、熱帯の気象条件も加わって昆虫、とりわけ蚊の発生が多い。するとそれを食べようとするカエルが増え、そのカエルを食べようと蛇も必然的に多くなる。また稲を狙ってネズミも集まり、蛇はさらに数を増すことになる。それを貴重なタンパク源として、ミネラル源としてそこに住む人たちは常に食べてきた。自然環境と気候風土、そして稲作文化がつくった一種の食物連鎖がここに見られるのだ。⑥の、大皿に盛られた串焼きの風景は、ひとつの屋台だけで見られるのではなく、何十軒とこのような屋台があるのだから、いかに蛇が多く、そして常に食べられているかを物語っている。見ているとたちまちにして売れていくのだ。

⑧

　乾燥した蛇も売られている。⑦の写真の手前左に、クルクルと丸められて干してあるのがそれで、これは薬用であるという。乾燥した蛇は薬用ばかりでなく出《だ》汁《し》取り用もある。とにかくこういうものは現地に行くといくらでもある。

　⑧は、石垣島に行ったときに路上にいた猛毒を持ったハブである。沖縄では、ハブを泡盛（焼酎）に漬けた薬用兼滋養強壮の酒が売られている。しかし、蛇酒の本場は何といっても中国である。それを詳しく知りたい諸君は、拙書『中国怪食紀行』（日本経済新聞社刊、光文社知恵の森文庫刊）を読むとよろしい。

虫を食う

世界中で虫を食べない民族は皆無だと言ってよろしい。日本でさえ蜂の子は缶詰にまでされて信州の名物土産になっているし、カイコの蛹《さなぎ》、イボタノムシやクサギカメムシの蛹、ザザムシ（カワゲラやトビケラの幼虫）なども食べているし、中でもイナゴなどは一般的によく知られたものである。

虫を捕まえるにはそう労力と危険は伴わない上に、地球上に最も多く棲息している生き物のひとつなので、人間の大切な食材としては大昔から当たり前に食べられてきた。虫はその上、実に滋養成分の豊富な生き物で、高タンパク質（例えばイナゴ１００グラム中のタンパク質量は約22グラム、蜂の子は約18グラムであるのに対し牛肉は約18～20グラム）で、ミネラル（無機質）の含量も多く、又、ビタミン類も他の食材に比べて圧倒的多量、含まれているのである。古代人の糞石《ふんせき》（ウンコの化石）を割ってみると、中には普遍的に虫の残渣《ざんさ》があるとする研究報告もあり、人類史上いかに大

11

12

13

14

切な食べ物であったのかわかるのである。

さて写真⑨は、俺がカンボジアの村である日一日食べた虫の同じ量と種類を首都プノンペン市まで持ち帰り、ホテルの皿を借りて盛り合わせてみたものである。クモ、コウロギ、ゲンゴロウ、蜂の子の四種だが、現地では皿に盛ったこれらの虫以外にも多種の昆虫が食べられていた。虫を大好物としている俺には、どれも実にうまかった。⑩〜⑭はカンボジアの田舎の町で売られている虫たち。⑩(21頁)はイナゴ・バッタの類、⑪は山蚕《やまかいこ》の蛹《さなぎ》、⑫は蜂の子の幼虫と羽蟻の幼虫のミックスで、ガラスコップ一杯が日本円で20円ぐらい、⑬は蒸しガメのデザートにと添えられた炒りスズメバチ、⑭は巨大タガメを炒り上げたものである。このタガメは「タガメ醤油」の原料にも使われるが、この虫も想像以上にうまかった。また、タガメの醤油に強く残る特有の芳香(梨の花の匂いを強くしたような香り)は、一度知ってしまうとたちまちにしてその虜になってしまうので、一種「魔性の匂い」と思った。

さて、⑮が実に興味深い写真である。高地クメール族の村に行ったとき、村のおばちゃんが突然走り出して空中を飛んでいる虫を追いかけ始め、それを見事に捕まえたときのものである。カミキリムシの類なのか頭部に長い触覚を持っていて、カラフルな色とユニークな姿をしていた。おばちゃんの話ではこれも食材に

⑮

するのだという。大昔の人もきっとこんな形で虫を追いかけ、それを捕まえて食べていたのだろう。俺はそこに、人類の歴史における悠久にして貪欲さを秘めた、泰然たる食餌の知恵を見た。

同じ村で蟻《あり》食いも見た。村落の近くの藪《やぶ》の中に俺を案内してくれたおじさんが見つけたものは、アカアリが葉っぱを丸めてつくった巣⑯であった。地上から2メートルぐらいの所の木の枝に、多くの葉っぱで隠すようにしてつくられたその巣は、俺のような旅人にはなかなか見つけられないものだったが、おじさんは直ぐに見つけた。そのアカアリは大変に獰猛《どうもう》で、巣を攻撃してくる外敵には命をかけて反撃してくる。ちなみに俺が、その巣の近くにいた一匹を指でつまんでみたらば、ほらご覧のとおり⑰、指のツメと肉の間に牙《が》を刺し込んで逆立ちし、決して離そうとはしない。おじさんは、葉っぱで丸くつくられたアカアリの巣にそっ

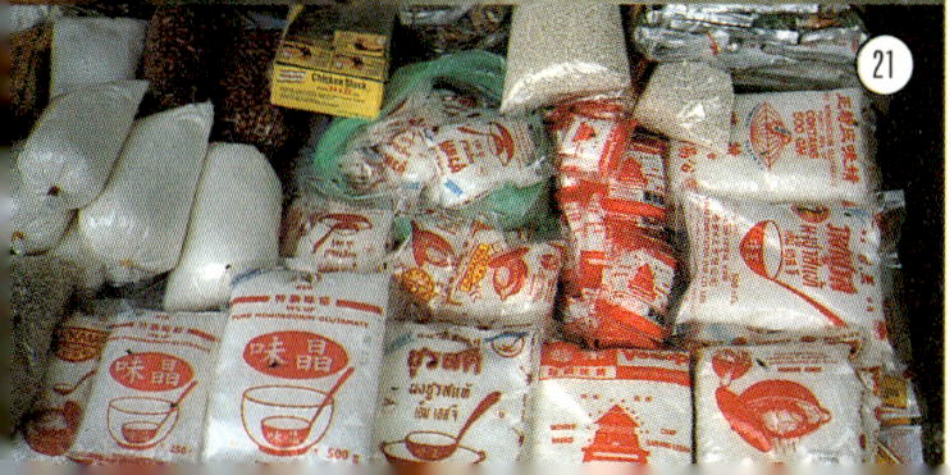

と近づき、両手の掌《てのひら》を使って、拍手をするような形でバシッ！と手を打った。巣はぺっちゃんこに潰《つぶ》れた。中のアカアリたちは、突然の平手打ちの衝撃で潰れてしまったもの、気を失うものなどいて静かになった。その身動き出来なくなったアリを葉の中の巣から出し、⑱のような蜂潰《つぶ》し専用の木の臼《うす》に入れ、そこに、ななんとなんと化学調味料の白い粉を加え、⑲のように丸太棒で搗《つ》き潰すのであった。そして、化学調味料のクドい味に染まった潰れたアリを平皿に入れ⑳、それを食べるのである。何年か前にアリは別のところで食べたことがあったが、その味は爽快な酸味とうま味があり、とても印象深かったので、この村でのアリの食い方には正直言ってがっかりした。

　このような食生活をしているカンボジアとベトナムの国境の少数民族の村にまで化学調味料が普及しているのだから、それはそれは大いに驚いた。訊《き》いてみると、どんな料理にもこの「魔法の粉」をかけるとあとは何も味付けしなくてもよいから楽なのだ、ということであった。しかし、こんな地球の奥の奥まで、これほど普遍的に化学調味料が普及した背景には、それまでずっとこの民族に伝わってきた知恵の調理法や味付けといったものは消えてしまったわけであるので、「食の文化」という意味から、この魔法の粉の出現は実に罪づくりなことをしてしまったと考えるのは俺ばかりであろうか。ちなみに、村にある貧弱な食料品店を覗いてみただけでも、写真㉑のように化学調味料は店頭に溢れ返っていた。

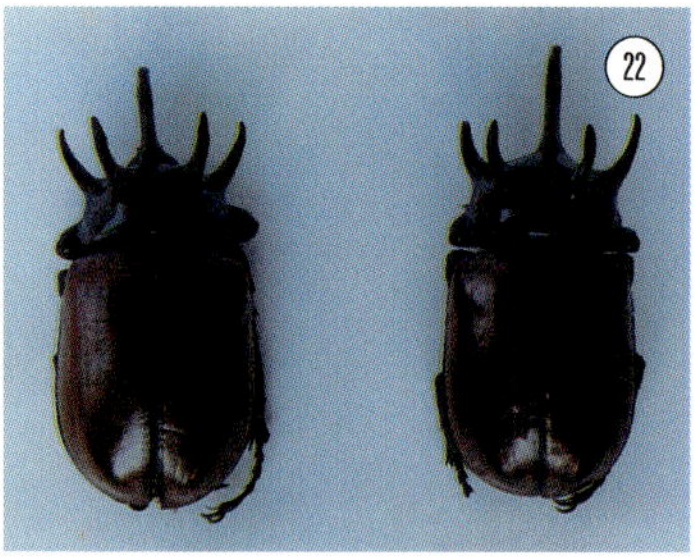

　写真㉒は、タイの北部で食べた巨大なカブトムシ「五本角《つの》カブトムシ」である。これを串に刺して火で素焼きに焙《あぶ》って食べると、そのボリューム感といい、野趣満点の味といい、なかなかのものだった。

10

23

24

そして哀れな野生動物のこと

カンボジアの高地にあるラタナキリの飛行場（ベトナムとの国境の近く）に行ったとき、近くの小さな村の市場の前で猿の干物が売られていた。おそらく食用というよりは薬用であろう。㉓〜㉖は目を被いたくなるようなその時の写真である。猿は人間に似ているから余計に驚きとなるのであるが、それにしても哀れであり、悲しくもなる。現地の人の話では、深い野山には個体数が多く、いくらでもいる猿だから大丈夫なのだ、と聞いたが、本格的な生態調査をしているのだろうか。実に心配だ。野生動物といえば海のクジラは科学調査

25

㉘

㉗

㉖

をし、十分に生態系が回復し、国連のFAO（世界食糧農業機関）は「クジラは十分に数が多く、このままでいるとむしろ海の生態系が変わってしまい、クジラ自体も滅びていくことにつながる。科学的に監視しながら人は利用して行くべきである」（クジラ類は、地球上の人が食べる魚介類の5倍から7倍の量を食べている）という勧告をしている。俺は科学的調査に基づいて十分に増えていることが確認された種類のクジラは食べていいと思っているが、しかし、この猿の例のように、実体がよくつかめていないような場合ならば、早急に調査のメスが入って然るべきだと考えている。

㉗は中国の新疆維吾爾《シンチャンウイグル》自治区の烏魯木斉《ウルムチ》の市場で見た野生動物の毛皮である。また㉘は東南アジアのある国（実は国名が記憶にない）の山の中で、屠《ほふ》ったば

㉙

㉚

かりの野生の鹿の皮なめしである。また㉙はミャンマーのゴールデン・ロックに旅したとき、山の中にあった怪しげな漢方薬屋での写真だ。得体の知れぬ大きな動物の皮の下に、大蛇（ニシキヘビ）の皮や虎の牙、猿の頭などが転がっていた。このような野生動物の売買は、往々にして都会や一大繁華街から遠く離れた人目に付かないところで堂々と行われていることが多い。どうにも考えさせられてしまう。㉚などは東南アジアのある国に行ったとき、実に簡単な檻に入れられて飼われていた哀れな熊の子供である。親のことを考えて会いたくなっているような、誠にもって寂しく悲しい顔をしていた。俺はこれを見て涙が出た。

カエル

カエルは鶏肉の味に似ていて誠にもって美味しい。クセもなく、肉に細やかな甘味と上品なうま味があって、もちろんその辺りのブロイラーなんかてんで問題にしないし、いい加減に育てて、名前だけ「地鶏だあ」なんていっている鶏なんかよりもはるかに美味しい。

メコン川やその支流の川や沼、水田に行くと、カエル屋は大変に多く、子供もカエルを捕まえてきて、路

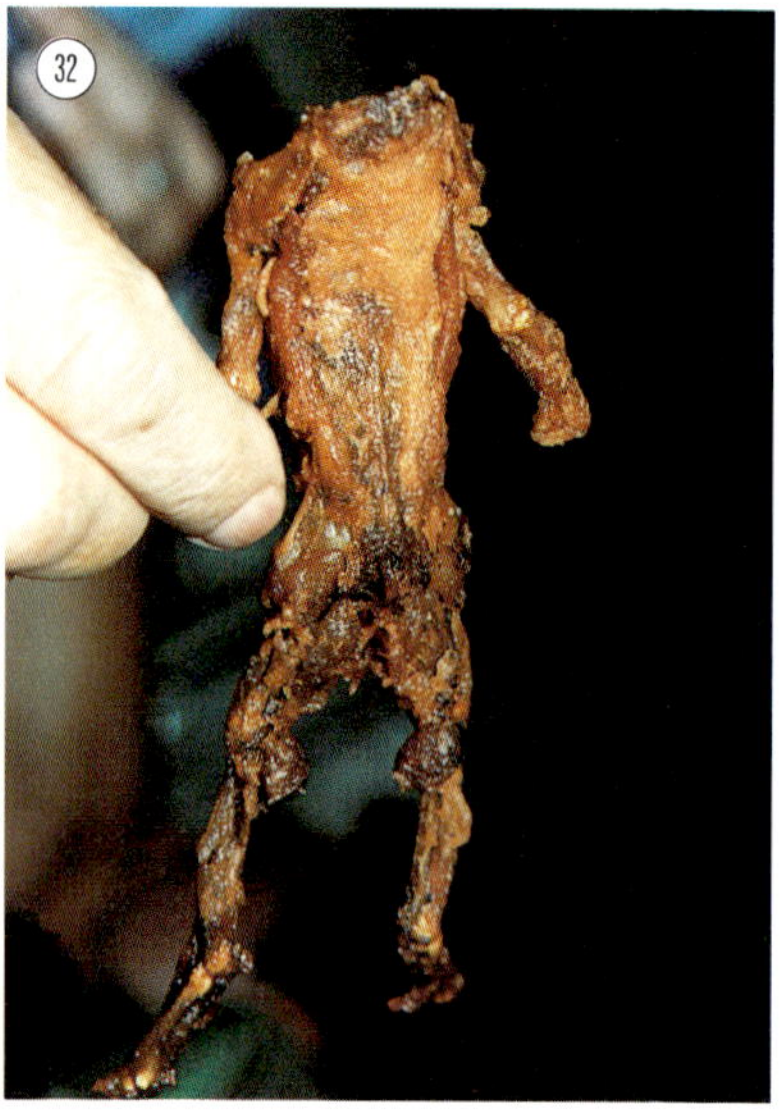

上に皮を剥いだものを並べて、にわか商売人になっているところも数多く見てきた。だから、ミャンマー、ベトナム、ラオスといったメコン川流域の地方町に行くと、市場には必ず写真㉛のように、きれいに皮を剥《む》かれたカエルが売られている。その食べ方は大半が野菜と共に油で炒めたもので、中には㉜のように素焼き、といったものもある。これがまた香ばしくて実に美味だ。軽く小麦粉に塗《まぶ》して、それを油で揚げたものも食ったが、こちらも美味であった。俺は少年時代に赤ガエルをずいぶんと食べたけれども、あれもうまかったなぁ。

淡水魚の干物

魚の干物というと、日本では真っ先にカレイがきたり、アジであったり、サバの文化干しだったり、イカやエボダイだったりするが、メコン川流域では淡水魚が全てである。おびただしい数の支流を抱えた大河メコンであるから当たり前の話だが、その魚は、どっこい海の魚に大きさでは引けをとらない。とてつもなく巨大なものがいて、それを冷蔵庫のないところにそのまま置いたのでは腐ってしまうので、写真㉝のように干物にすることが多いのだ。それにしても大きいですねえ、この魚。手前にぶら下っているのがせいぜい日本の鮭ぐらいであるから、その巨大さが一目でわかる。

33

36

35

干すと身が締まって細くなるのだから、生だったらいかに大きな魚だったか想像を絶するというものだ。とにかく大河に大魚あり、というのは生態系の常識なのだそうで、人工衛星からもはっきりと見えるメコン川なのだから、こういう大型魚がいてもおかしくはない。従って、アマゾン川でも同じことが言え、あの川にも巨大なナマズや3メートル近いピラルクーを見たことがある。

写真㉞の川魚も、干した後でも鮭ぐらいの大きさであるから、生のときはもっと大きかったであろう。このような干物は水で一度戻してから煮物にしたり、ほぐし身や粉末にしてさまざまな料理の味付けにする。しかし、この㉝、㉞のようにカリカリに干したものばかりではなく、㉟のように半干しあるいは生干しぐらいにしたものもつくられて、市場で売られている。どうでしょうか諸君、この色といい、脂肪ののり具合といい、大いにそそられませんこと？　これをそぎ切りして、さっと焙ってしゃぶりますと貴方、その美味に腰を抜かすほどでありますぞ。

ところが今度は㊱を見てごらん。メコンにはいろいろな魚がいるもんですなあ。この白身の美しい干物なんて、なんだか美女の肌を思わせませんかあ？　実はこの巨大なカマスのような魚、この切り身をさっと焙って食ったらば、上品な白身の鱈《たら》を思わせる肉質で味も抜群。甘くて優雅。日本に持ってきて売ったらたちまちのうちに病み付きになる人も少なくない、そんな

魚であった。淡水魚は干すと、それまでにない新しい味が出てきたりして、実に美味いのだ。写真㊲～㊴は半干し魚屋の店頭。㊲のように長く切ったものを干しただけでなく、食の欲をそそるが如く、実にユニークな形に干した身もある。㊳と㊴を見て下さい。いかにも誘ってますなあ。肉感的であり、官能的ですらある。俺なんかこれを見たとたんに「食欲の勃起《ぼっき》」が起こりました次第。買って、焙って食ったのだけれども、シコシコしていて、そして噛めば噛むほど味がチュルチュルと出てきて、いやはや美味口福でありましたねぇ。

生を干すばかりでなく、いろいろな裏技もあって、例えば㊵は何と焼き干しなのである。それも、単に焼いて干す、ということではなく、このようにここでも客の食欲をそそらせるような串打ちで演出している。さすが大河メコンに支えられて出来た食の文化と歴史、そしてそこに住んできた人たちの知恵と工夫は偉大であった。

39

40

魚の漬け物

漬け物といえば大体その相場は根菜に決まっているが、どっこいこの日本にだって魚の漬け物はいっぱいある。例えば近江（滋賀県）の鮒鮓《ふなずし》や紀州（和歌山県）のサンマの熟鮓《なれずし》（腐《くさ》れ鮓《ずし》）、会津（福島県）のニシン漬けの類だ。その辺りをじっくりと知りたかったらば拙書『漬け物大全』（平凡社新書）を読むことである。

さて、地球規模から見た発酵食品大地帯と言えば東南アジア、中国、東アジア（日本、韓国など）であるので、この地には魚を原料にした漬け物は非常に多くある。とりわけメコン川という、地球上最大の淡水魚豊潤の流域には、その種類も極めて多く、食生活と密着していると言っても過言ではない。漁獲量が多いばかりか、魚の種類も多く、また実にさまざまな固有食文化を持った民族が点在しているので、そのようなことになるのである。

その上、生魚は直ぐに腐りやすい宿命にあるが、これを腐らせないようにするには、漬け込んで発酵させ、保存食とすることが一番なのだ。今でも冷蔵庫など無い地帯が多いので、漬け物にすることは実に大切な昔からの知恵なのである。また、発酵させることは保存が効くばかりでなく、うま味や匂いも湧き出し、食欲を躍起とさせてくれるものとなるから好都合なのである。

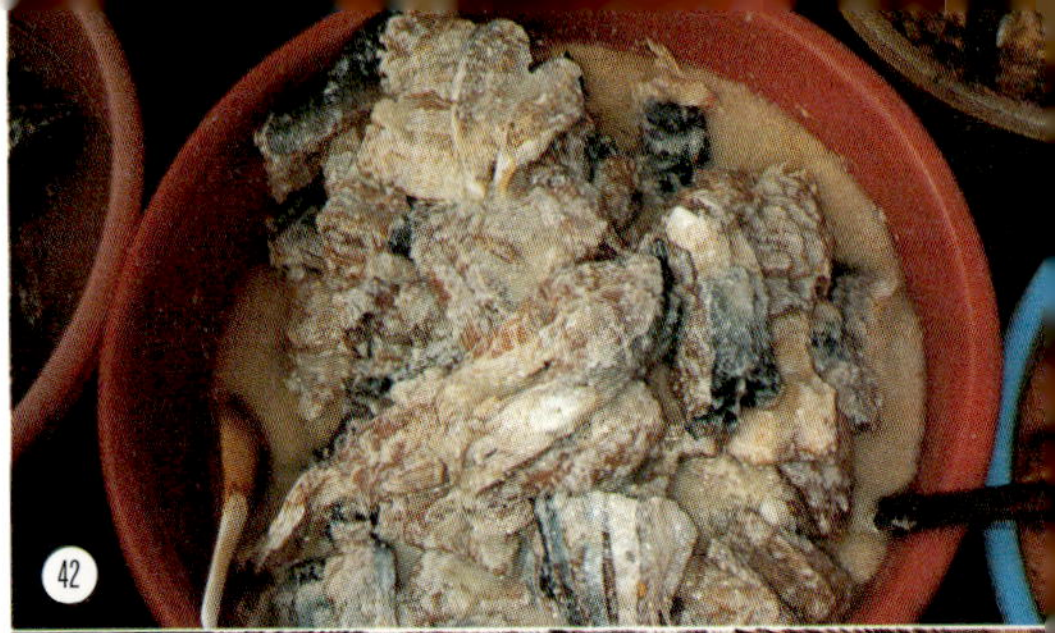

42

43

ここでは、俺が出合ってきた魚の漬け物のほんの一部を写真で語ることにする。写真㊶はミャンマーの自由市場でのもので、大きな魚をぶつ切りし、塩水と魚醬で漬け込み、発酵させた美味しい漬け物である。食べるときは、野菜や飯などと共に炒めたり煮込んだりするが、それがまた発酵を伴った奥の深い味と、特有の臭みを持った匂いとが魅力となって、料理そのものに強烈なバリエーションを付け、全くすばらしいものとなる。また、漬け汁は大切に取っておき、魚醬として重宝するのである。魚醬は東南アジアや中国、東アジアの食卓に欠かせざる発酵調味料で、その存在意義は、食文化の中でも中核的なものとなっている。

㊷はミャンマーのもので、これを漬け込むときには、日本の糠《ぬか》漬けに似て米糠を加えることに特徴を持っている。ただし、日本のように大量の糠に漬け込むのではなく、少量の糠しか加えないのは、発酵菌の増殖を促し、しかも早く漬け上がる知恵が織り込まれて

44

45

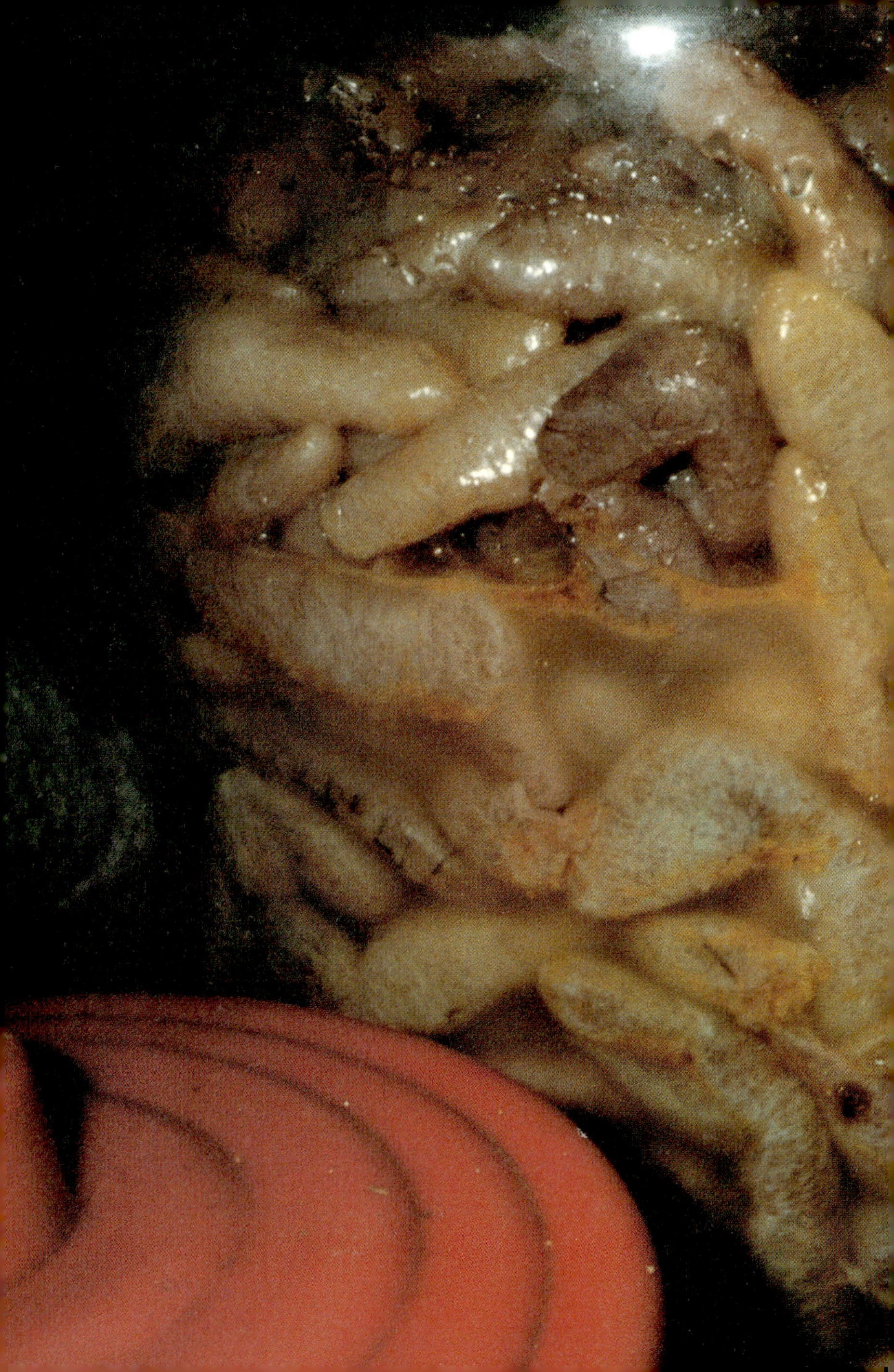

いる。勿論、漬け汁も料理に使う。㊸はカンボジアの田舎のもので、こちらは汁をあまり出さずに、いわば魚の固体状発酵漬け物といえる。煮物にして主にスープの出汁味《だしあじ》を付けるのに効果がある。ミャンマーには㊹の「カピ」のようにエビや魚を味噌状に発酵させてつくったペーストもある。

㊺はいわば白造り的なもので、切り分けた魚肉に塩と白糠、白子《しらこ》（精子）などを加えて固体状に発酵させた珍しいものである。さらに珍しいのは㊻で、大きな淡水魚の浮き袋を漬けたものである。これをぶつ切りしてから煮たり炒めたりして食べると、袋の膜のところが口に当たってコリコリとして実に妙であった。

メコン川流域の魚の漬け物は、確かに漬け物ではあるのだけれども、これまで述べたように調味料的な要素も多い。㊽は糠漬けに魚が赤くなるほどトウガラシを加えて醸《かも》したもので、いわば「魚の漬け物激辛風」である。これを野菜と共に煮たり炒めたりして食べると、うま味を伴った辛味が味わえ嬉しいものだ。東南アジアは熱帯の地で非常に暑いので、なるべく辛味を摂って発汗作用を促す必要があり、そのためにはこのような辛い魚の漬け物は食欲も増してくれるので理想的な食べ物になるのである。とにかく魚の漬け物の消費量は膨大であるので、㊼のように子供までが貴重な労務作業員として操り出されるほどなのである。

涙に咽《むせ》ぶ魚

鱏《えい》という魚㊾を甕《かめ》の中に入れて蓋をし㊿、一週間ほどそのままにしておく。すると、鱏は自分の体を自己消化して分解し、軟骨魚特有のアンモニアを激烈に放つ。また、その期間、アルカリ性細菌も繁殖して、まともに匂いを嗅いだら卒倒するほどの猛烈な臭みが出る。それを甕から出してきて、ぶつ切りにしてから刺身や蒸し物、煮物にして食べるという、いわば奇食に近い食べ物が韓国全羅南道の木浦《モッポ》市名物「ホンオ・フェ」である。

甕から出したものは激烈なアンモニア臭があり、近くにいただけで目から涙がポロポロと出て止まらない。(51)の如く、ぶつ切りにしている人も、涙を止めどもなく流して事に当たるのだ。こうして先ず刺身(52)、(53)と相成る。見た目は実に美しいですねえ。しかし昔から綺麗なバラにはトゲがある、の譬《たとえ》のように、この刺身、美しいのであるけれども、間違ったらば人の命を奪うほど激烈なアンモニアを持っている。だからこれ

49

50

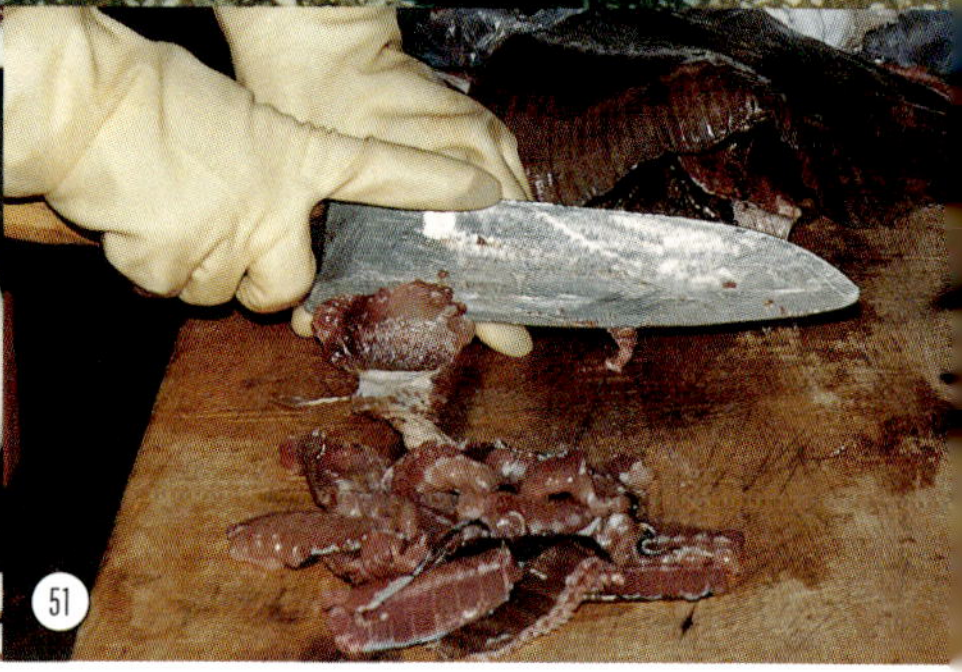
51

52

53

を口に入れると、瞬時にして口の中は勿論、鼻にもアンモニア臭が充満して、思わず立ち眩《くら》みするほどである。そして、目からは涙が出るわ出るわ。当地には、この「ホンオ料理を口に入れて深呼吸すれば、100人中98人は気絶寸前、2人は死亡寸前」という、何とも恐ろしい謂《いわ》れが残っている。確かにその通りだと俺も思う。俺はこの刺身を初めて口に入れたとき、その強烈なアンモニアのために失神するかと思ったほどだ。奇食珍食には百戦錬磨の俺でさえこれなのだから推して知るべしである。

(54)は蒸しているところ、(55)は煮ているところ、そして(57)は料理したホンオのフルコース。これ全て猛烈激烈壮絶なアンモニア臭を発する。(56)は木浦市で最も有名なホンオ料理店「金メダル食堂」で、俺がいつも行く店だ。とにかく俺はこれまで、地球の津々浦々でさまざまな食べ物を口にしてきたが、この韓国のホンオ料理のように催涙性の食べ物との出合いは後にも先にもこれが初めてである。木浦市では、このホンオ料理は

54

55

56

祝い事には大概出され、とりわけ結婚披露宴ではホンオ抜きは考えられないのである。一匹丸ごとだと、日本円で８万円はする高価なものだということだ。俺がＮＨＫテレビの「土曜特集」という番組の取材で木浦市に行ったとき、ある結婚披露宴に行ってみたのであったが、そこにはホンオの刺身が各テーブルごとに大皿に盛られて出されていて、祝い客はそれを食べ、涙を流しながら濁酒《マッカリ》を飲んでいたのであった。このホンオの刺身を出す量によって、披露宴の格式が決まるというのであるから、主催者側はこれ見よがしに、大盤振舞いでいっぱい出すのである。日本ではアンモニアは食べ物に微量でも入っていると、食品衛生法によって発売禁止となるほどなのに、どうしてこんなに凄いものを木浦市では食べるのか、誠にもって人間の不思議さがある。

　食べ物の名物が生まれるには、必ずそこにはそれをつくる材料が豊かにあり、そこに知恵と工夫が織り込まれて、さまざまな食べ方を編み出し名物となること

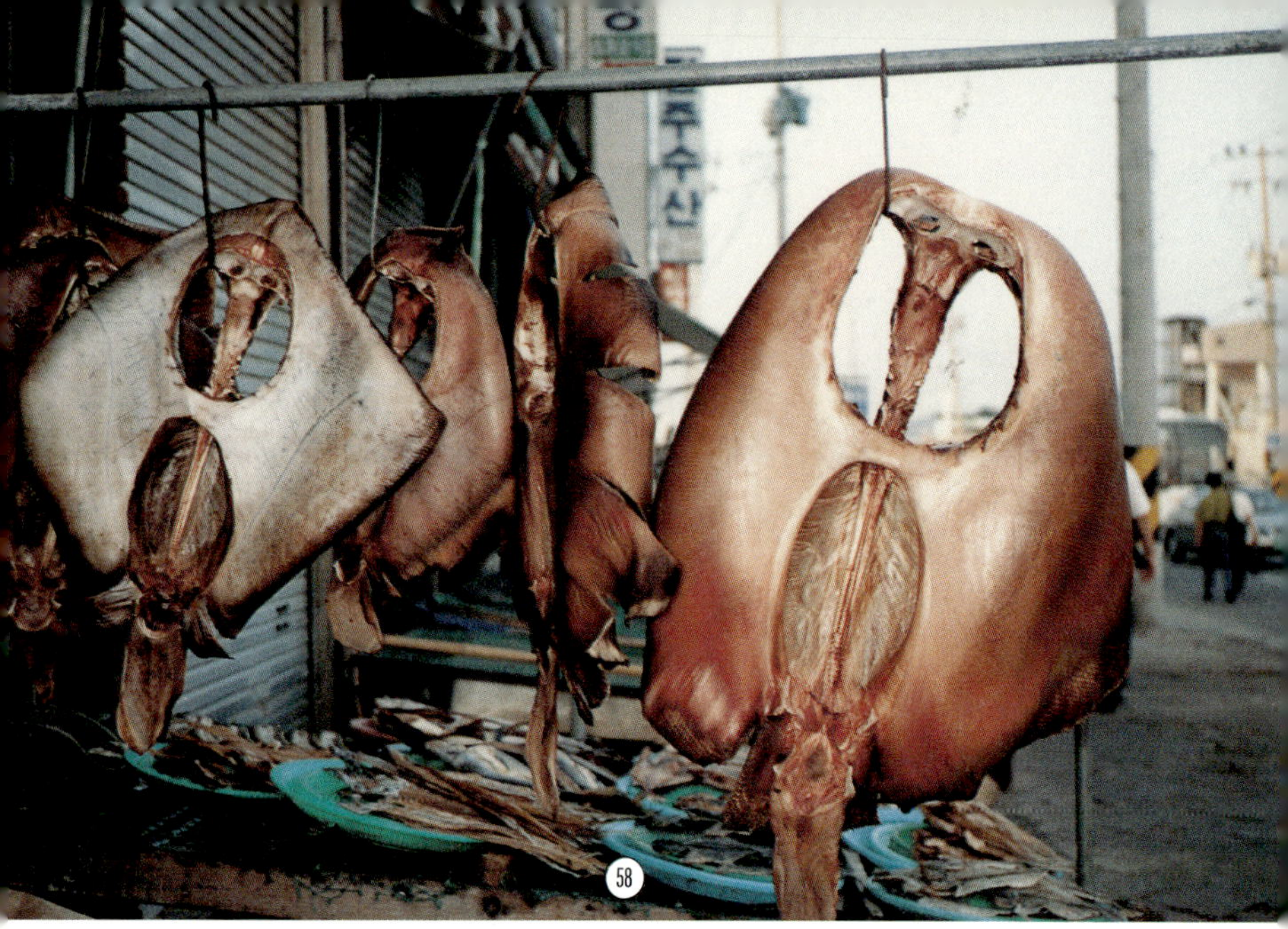

が多い。日本ではムロアジが多く漁《と》れる伊豆の島々に「くさや」があったり、近江の琵琶湖では煮頃鮒《にごろぶな》が多く漁れるので名物「鮒鮓《ふなずし》」が出来たりする。また、世界一臭い食べ物として有名なニシンを用いた地獄の缶詰「シュールストレンミング」は、北欧のスウェーデンのストックホルムが有名で、彼の地はニシンの最大水揚げ地なので、その食べ方のひとつとしてあのようなもの凄いものが出来たのである。木浦市は韓国有数の水産加工の町なので、市中を歩くと(58)のように至るところに鱏を加工している風景が見られるのも、やはり豊かに漁れる鱏の食べ方にさまざまな知恵が込められて、ホンオという世界的にも珍しい名物が生まれたのであろう。さて、昔から「名物にうまい物あり」とも、また「名物にうまい物なし」とも言う。木浦市名物のこの凄まじいほどの食べものが一体美味なのか不味なのか、諸君、どうぞ行って試してきてごらんなさい。

第二食

風雅に酔う。

酒を吸う

壺の中に酒を入れて、そこに長い竹の管を差し込み、家族や村人たちがチュウチュウと酒を吸う飲酒方法は東南アジアのカンボジアやラオス、ミャンマーなどで見られる面白い風景である。

写真(59)はラオスに行ったとき、ラオ族の家で写したもので、俺の脇にいるのはその家の長老の女性である。ラオ族では、家の全ての権限はこのような高齢な長老女性が持つ。酒を吸う管を「吸酒管《きゅうしゅかん》」と呼び、長いものでは2メートル以上もある。長老は何とも得意満面で(60)、堂々としているのは、家で最高の権力を持っていて、誰にも文句を言われないからである。酒の入った壺に管は(62)のように差し込まれている。同じ釜の飯を食った仲、という表現が日本にはあるが、こちらはさしずめ同じ壺の酒を吸った仲、ということになる。だから宴会ともなると、同じ壺の酒によって心はひと

61

64

63

つになり、家族や村人たちは一致団結して結束が図れるのである。カンボジアの高地クメール族も同じで、俺がここを訪れたとき、写真61のようにビニール製吸酒管での歓迎宴と相成った。

ところが、俺は貴重な発見をした。そのカンボジアのアンコールワットや周辺のさまざまの寺院を時間をかけてゆっくり見ていた時、何と何と9〜15世紀の間

65

67

につくられた遺跡の壁の彫刻に、酒壺から吸酒管のようなもので酒を吸っているのが彫られているのを偶然、に発見したのだ(63)。そこで、さらにその部分を拡大してみたらば(64)、壺を挟んで左右の人は、確かに手に管のようなものを持って口元に運び、酒を飲んでいるではあるまいか。醸造学や食文化論、発酵学などを専攻している俺が旅をしていて、こういうものを偶然に発

66

68

見するのははまさに学者冥利《みょうり》につきることである。
　ついでに当時はどんな肴《さかな》を食っていたのかと、彫刻をあちこち追っていくと、(65)のような豚、(66)の亀のようなもの、(67)の左側の人のように魚を背負っているものがあり、中には(68)のように、逆にワニに喰い付かれているような彫刻があった。こういう遺跡は昔のことをいろいろと伝えてくれるから有り難いものだ。そして、次頁の写真(69)はいつも拙書を読んで下さっている読者諸君への俺からの心ばかりのプレゼント。

69

71

餅《もち》麹《こうじ》

アジアの酒は大半が麹酒であるから、麹を使わないと酒は出来ない。日本の麹は、蒸した米に麹菌をひと粒ひと粒繁殖させた「撒麹《ばらこうじ》」であるのに対し、写真の麹は穀物を粉にしてから丸めて団子状にしたり、平たく延ばして煎餅状にしたり、型にはめて煉瓦状にした「餅麹《もちこうじ》」である。「撒」とはバラバラになった状態だし、「餅」は餅のように固めたものだから、こういう麹の呼び方になった。この麹の持つ糖化酵素によって、原料穀物のデンプンを分解してブドウ糖にする。そこにアルコール発酵を司る酵母が活躍

70

(72)

(74)

(73)

(75)

して酒が出来る。

(70)はカンボジアで米酒をつくるときの餅麹で、表面にまっ白に繁殖しているのはクモノスカビ。日本の撒麹はコウジカビであるのに対し、中国や東南アジアなどのほとんどの餅麹はこのクモノスカビである。カンボジアでは女性たちが(71)のようにして、麹をつくっていた。

(72)は中国の蒸留酒である「白酒《パイチュウ》」（日本でいう焼酎）に使われる餅麹で、煉瓦《れんが》型が美しい。日本の麹は出来上がると直ぐに酒の仕込みに使われるが、中国ではこのように麹をつくると乾燥貯蔵して2年から3年熟成させて使う。この煉瓦状のものよりもっと大きな麹もあって(73)、それは大きな塊になっている。非常に硬く、カッチンコッチンで、使うときはこれを砕いて粉にしてから仕込む。

ミャンマーに行くと(74)のような煎餅型や、(75)のようにラオスの万頭型もある。また(76)は韓国のもので、餅のような、煎餅のような形をしたのもある。これを粉

76

77

にしてから飯と水を加えて発酵させると、韓国で有名な濁酒《マッカリ》が出来る。

中国の雲南省西双版納《シーサンパンナ》の山奥の、ラオスとミャンマーの国境近くに行くと、餅麹は粉にされ、炊いた飯に混ぜ、水を少し加えて甕《かめ》に仕込む(77)。これに蓋をし、布をかぶせて2週間ほど放置して発酵させた後、(78)のような実に古い蒸留器で蒸留し、米焼酎を得ている。この写真は、日本における江戸時代の蒸留器の「ランビキ」と全く同じ型と構造をしており、従って日本の焼酎の起源はこの辺りにあることが、私の調査で解った（詳しく知りたい読者は、拙書『銘酒誕生』〈講談社現代新書〉を参照するとよい）。(79)のように雨水さえも

78

79

80

81

冷却水に使う知恵には感心した。

ラオスの農村に行くと、家々で餅麹をつくり、それで酒を仕込んでから、囲炉裏の脇に備えてある家庭用蒸留器で蒸留し、焼酎を飲むといったことが当たり前に行われている(80)、(81)。飯を食いながら、出来たてのしたたり落ちてきた焼酎を手を伸ばして茶碗で受け、それをチビリチビリと飲《や》るのであるからなんとも凄い。このように南方では、蒸留酒が主として飲まれている理由は、醸造したままの酒では暑い気候なのでせっかくの酒が腐ってしまうことが多いので、こうして蒸留しておけば、アルコール度数が高く、従って腐ることはない、という知恵による。

83

桃源境の酒

中国の山西省に杏花村というロマンチックな名前の桃源境がある。杏《あんず》の花の村。美しい村名だ。黄土高原の入口に当たる所にある。この村の美しさが忘れられず、春や夏に俺はこれまで四度ここを訪れている。

実は俺がこの村を訪れる本当の理由は別にあって、この村には中国三大名酒、すなわち国家評酒会議が認定した「汾酒《フェンチュウ》」の酒廠《しゅしょう》（酒の工場のこと）があり、そこを訪れるためである。中国ではかの「茅台酒《マオタイチュウ》」と並んで蒸留酒の名酒中の名酒となっている。茅台酒はあのどぎついほどの香りを特徴とするのに対して、汾酒は優しく花のような芳香を持つ酒なので人気も高い。日本でも大きなデパートの酒売り場に行くと、茅台酒と共に売られているほど有名な酒である。

その酒廠の門(82)を入ると、直ぐに「得造花香」という看板が掛けてある(83)。花の香りを思わす、香気芬々《ふんぷん》

山西杏花村汾酒厂

たるすばらしい酒を造る廠であるぞ、という意味だ。酒廠に入ると先ず美しい中庭がありⓔ84、まさに杏花村そのままの風景が目に入る。正門にある綺麗な建物はゲストハウスで、客が来るとこの中で汾酒を味わうことが出来、その酒に合った料理を振る舞ってくれる。杏を思わす、やや桃色を帯びた白い壁と赤い柱が実に印象的であった。⑧85は俺が初めてこの酒廠を訪れたときの記念すべき写真で、今から30年も前のものである。こうして見ると、俺も若かったなあ。今の体型と比べるとかなりスマートでしたなあ。俺と握手している人はこの酒廠の工場長さんで黄主任。当時の中国では、酒造り三大名人の一人に選ばれた全国的に名の知れた方である。

その後、黄主任とは三度も会うことが出来、行くたびにこのゲストハウスで名酒汾酒を飲み交わし、酒造り談義をしながら乾盃《カンペイ》、乾盃、また乾盃をした仲であった。その後10年も互いに連絡はしていなく、今ご存命であれば80歳を越していることになる。黄さんのことだから、きっと桃源境の杏花村で汾酒に酔いながら昼寝でもしているのだろう。

84

第三食

風光を嗜《たしな》む。

風雨橋

「風雨橋」というロマンチックな名の橋は、中国の広《コワン》西《シー》壮《チョワン》族自治区辺りに行くと、田舎の村で運良く見られる美しい建築物である。そうロマンチストではない俺だが、この橋は何十回と訪れた中国の旅の経験の中ですっかりと魅了させられたもののひとつである。だから旅の途中、近くに風雨橋があると聞くと、必ずそこに行って眺めてくるのが楽しみのひとつとなっている。

⑧⑥は広西壮族自治区三江県程陽村の風景である。

「風雨橋」という名は、雨が降っても風が吹いても大丈夫、だから農作業をしている間に突然風雨に晒《さら》されたら急いでこの橋に来て雨宿りしなさい、といった意味から付いたということだ。つまり、村の集会所でもあり、情報交換の場であり、物々交換の場でもあり、外から来る客が村に入るときにはセレモニー会場としても使われるといった、まあ今でいえば多目的ブリッジであります。それにしても諸君！この美しい橋をじっ

86

88

87

と見つめてみなさい。日本で見られる橋のように、欄干に牛若丸や弁慶のモチーフがあったり、鉄骨の手摺りだけがあったりするのとは訳が違いますぞ。第一に橋そのものが芸術的な建物になっていて、その美しさには目を奪われてしまう。俺なんて、この橋をじっと見て一日中、村の田んぼの畦道《あぜみち》に腰を下ろしていたこともあったし、橋の上で長い時間、ぼんやりとしながらその情緒を味わったりしていたほどである。従って俺って、案外ロマンチストであるなあ、なんてことに気付いたりする。

　しかし、ただじっと見てるだけでは腹も減るから、(87)のように茹でた鶏肉をかじりながら眺めたりするのだが、これではどう考えてもロマンチストなんかじ

91

やなくなるわけで、とにかくロマンチストって難しい。

さて、(88)は満月の夜に風雨橋を写したものであるが、写真が出来上がってみると、これが実に素晴らしい写像であったので、我ながら自慢のひとつとしている。青白い月光の明かりにかすかに浮かび上がった風雨橋の、妖しいほどの美しさ。いいですなあ。勿論、日本のように皓々《こうこう》と電光で照らして、ライトアップしているなんていう観光地ではない。電気がまだ十分でない、物凄い田舎の村の夜だからこそ、こういう写真

89

90

が撮れたものだと思っている。１９９６年12月23日午後10時28分。

この程陽村の橋は、これまで見てきた数多くの風雨橋の中でも最も美しいもののひとつに入る。しかし、こういう美しい橋ばかりでなく、同じ村の中にも(89)のような素朴な風雨橋も架かっており、その内部は(90)のように空間が続く素朴なものもある。こういうさびれた風雨橋も実に情緒があり、一日中見とれてしまうことがある。

この程陽村の近村にも、いろいろな形の風雨橋があるので、それを巡りながら何日か訪ね歩くのも嬉しいものである。(91)もそのひとつで、こちらの村のものは建ててからかなり歳月の経った古いものである。ゆったりした川の流れの、その上に建つ古風な風雨橋は、

悠久の中国の田舎風景を脈々と今に伝えている姿であろう。(92)はまた別の村の風雨橋で、石でしっかりと足場を組んだ石橋上に建ててある。橋の役割を考えると別に石橋だけでよいものを、わざわざその上に木で橋を建てているところに意味があって、風雨橋は村人同士や他の村の人たちとを心で結ぶ絆橋《きずなばし》なのでもあろう。この風雨橋の中央には楼閣のような造りがあるのもそのためなのかも知れない。(93)のように、こちらの

92

93

川のこちらの村と川のそちらの村を分ける川の上に風雨橋があるのも、橋を通して互いの村人たちが深い心の絆と交流を図ってきた現れでもあるのだ。

村の人たちの仕事場は田畑だけでなく山にもある。山で働いているとき、突然の雨に襲われたときには、急いで下りてきたところに雨宿り橋があれば、大変都合がよい。雨が上がればまた直ぐに山に戻れるからで、94はそのような意味でつくられた橋で、村から直接山に橋が掛かっている。風雨橋は生活の場にも密着した橋であることがよく解る。95は風雨橋と鼓楼《ころう》(後述)とが一体化したような橋で、この場合は直ぐ近くに民家があることを考えると雨宿り的なものではなく、むしろ集会所的又は解放区的意味のものであろう。

さて96の風雨橋は、これまで俺が見てきたものの中では最も荘厳で風格のある橋である。内部に描かれている絵や天井はその美しさに見とれるほどで、天井に近いところには極彩色の絵が描かれていて97、その絵の一枚一枚が物語風になっている。その動きの描写や色彩が見事である。また、柱や梁《はり》などにまで朱や黒漆が塗られていて、全体の調和は実に美しい。一方、天井を見上げると98、一本の釘も使わずに、実に木目細かく幾何学模様に梁が張りめぐらされていて、息を呑むほどである。この風雨橋に寄せる、昔からの村人たちの心や思い、憧れが、痛いほど読み込める建物である。

100

101

鼓楼《ころう》

「鼓楼」というのは、中国の昔からの民族建築のひとつで、「風雨橋」と並んでその美しさで知られる建物である。昔はここで太鼓を打って時刻を知らせたので「太鼓の楼閣」、すなわち「鼓楼」と名付けられた。だから吊り鐘を撞《つ》くところは「鐘楼《しょうろう》」である。

宋代の初めの洛陽の宮城に、東南に鼓楼、西南に鐘楼を設けたのが起源とされるが、その後は太鼓や鐘を

99

102

打つところだけはなく、そこに住む人たちの集会場や憩いの場所にもなってきた。

写真は、鼓楼が群がるほど多くあるので有名な広西壮族自治区従江村で写したものである。この村には仁・義・礼・智・信を意味する五つの鼓楼があって、旅する者の心を和ませてくれる。

(99)は中心的鼓楼で何層も積まれたような設計になっており、建物の縁の白や赤が誠に美しく、建物全体がすばらしい調和で出来ている。周りの民家の中にぬっと突き出していて、いかに威厳を保ちながら民衆と一体化してきた建築物であるかがよく解る風景だ。村の小さな丘に登ると、鼓楼が民家と共にあるのが見えて、その辺りが実によく理解できるのである(100)。近くに行ってその建物をよく観察すると、その建物にはさまざまな彫刻が施されていて(101)、村人たちがこの楼閣をいかに大切にしてきたかを知ることも出来る。昔の中国はさまざまな侵攻があったので、村々は情報周知の場としてここを使い、また農作業における連絡の場としても大いに活用したのであった。そのため、村人はここに集まることにより、一層の団結と絆が保たれてきたのである。(102)などは、この村の生活にとって極めて大切な川の真上にあって、村人たちの生活と共に時を流れてきたのである。それにしてもこの鼓楼、何よりもいい形をしていますなあ。中国の田舎が大好きな俺にとっては、こういう風景を見ると感動を通り越して感涙さえ覚えるのであります。

鼓楼は中国の南の地方に数多く見られ、(103)は名も知られない小さな村でのもの。これから村祭りの儀式が

103

105

106

107

鼓楼で行われるというので、村人たちは民族衣装を着飾って出かけるところ、104はその鼓楼の前庭での風景である。このように村の祭りも、昔から鼓楼を前にして行われることを考えると、祭りは収穫の祈願、来福厄除《やくよけ》のために行われるものであり、鼓楼の存在は昔の太鼓楼、今の集会所といっただけでなく、神が宿る場としても村人たちが崇めてきたところなのかも知れない。それというのも、このような鼓楼の入口の柱には必ず、豊作や厄除の祈願札が貼られているのであった。

さて、俺はこれまで幾つもの鼓楼を見てきたのであるが、田舎の村に行けば行くほど、残念なことにこの建物は本来の意味を持たなくなっている現状を知って、少し悲しくなっている。それは写真105～106で、村人たちの農作業の場に鼓楼が使われている頻度が非常に高いことである。この二枚の写真とも、昼は鼓楼の前で穀物を干し、夜は鼓楼の中がその置き場になっていた。又107は鼓楼の中で雑穀の脱穀作業をしている村人の後ろ姿で、この鼓楼の壁には極彩色のすばらしい絵が描かれてあったのだというが、今はわずかにその面影が残っているに過ぎない。まあ、村人たちのためにこういう建物があったのだから、こんな使われ方もやむを得ないのかも知れないが、それにしても俺は残念で、この現場を見て空しい気持ちになった。

浮き草の上の町

ミャンマーは実に神秘な国である。旅をしていると驚かされる風景とあちこちで出合うのでとても油断できない。

シャン州の西端にあるインレー湖は、海抜1328メートルの高地にあるミャンマー第二の大きな湖で、シャン高原の山々に囲まれた景勝の地として知られ、湖の周辺にはシャン族、インダー族、パオ族といった少数民族が多数生活している。であるから、各民族の異なった生活文化が重層されている所なので、民族学的見地からも貴重な地域である。

中でも有名なのが、湖の上で水上生活をしているインダー族である。この大きな湖に、自然がつくり上げた浮き草の島を昔から生活の場にしている彼らは、その浮き島の上で野菜や果物を栽培し、家畜を飼い、魚を漁《と》って生活しているのである。

インレー湖の畔にあるニュアウンシェエという町から船（と言っても3人ぐらい乗れる小さなモーター付きべか船）に乗って約1時間。写真(108)のように浮き草の上に点在するインダー族の家々が左右に見えてくる。

(108)

(110)

(109)

本当に草の島の上にプカプカと浮いている。さらに進むと(109)のように、庭でバナナをつくり、窓から手を伸ばせば取って食えるような、はたまた窓から釣り糸を垂らせば、釣にかかった魚は直ぐにその場で料理して食えるといった、誠にもって至便な家ばかりであった。トイレのことを考えてみても、大でも小でもそのまま下に落とせば、それがすなわち野菜や果物の肥料となり、魚の餌となり、それで育った野菜も魚もそのうちに自分たちの食べ物になる。まあ完璧なるリサイクル方式、ちゅうわけだ。

(110)を見ると、それは家畜舎で、浮き草の上では、牛まで飼っていて牛乳や牛肉も調達している。熱帯気候の上に、栄養のある豊かな水で育まれる草なので成長は著しく早い。そんな草の上の牛舎なので餌の心配は全くない。牛の糞尿をたっぷりと吸い込んだ牛舎の下藁は、浮き草を育てる堆肥《たいひ》としてこれも有効利用されるのである。(111)は上がバナナ畑、下はサトイモ畑だ。船が通るたびに畑はプカプカと小さく上下するのが実

⑪

⑯

⑮

⑬

に面白い。収穫した農産物は船で浮き草島から運び出し、湖の周辺に点在する町に持って行って売るのである。⑫は水草の上の寺院で、船で行っておがむわけだ。⑬は仏塔で、これも船が通るたびにプカプカと上下する。しかし中には⑭のように、浮き草の上とはいえ、誠に立派な寺院を建ててしまったのは、ミャンマーの人たちの仏様に対する敬《うやま》いがいかに深いかを物語る。

浮き草の上には小学校もある⑮。浮き草の間から上がってきた土を広く平らに均《なら》して、そこに学校までつくってしまったのだから恐れ入る。その浮き草小学校から湖の方を見ると、そこには立派な水上レストランがあって、観光客に湖で捕れた魚の料理を楽しませてくれるところだということだ⑯。

さて、先程の写真⑭の立派な寺院に入ってみると、寺の中央には目も眩《まぶ》しいばかりに金箔が張られた仏像が数体安置されていて、参拝者は入り口で200チャット（日

117

本円で大体90円ぐらい）払って極薄の金箔が何枚か入った小さな袋を買い、それをその仏像に持って行って張り付けるのである。すると仏様は御利益をお授け下さるというので、仏心あらたかな人は毎日のようにそこに行って金箔を張ってくるということだ。写真⑪⑦はその金箔を張っているところ。そして、何と面白いことか、⑪⑧を見よ。寺の直ぐ裏の湖上で何やら二人の船人が作業をしている。一人は湖に潜って泥を引き上げ、他の一人はそれを袋に入れている。一体何をしているのかと訊くと、何と何と砂金を採っているのだ、というから驚いた。さすがに「黄金の仏国」と言われるミャンマーらしい光景だと感心した。大型の掘鑿機《くっさくき》を使うわけでもなく、巨大資本が介入するわけでもなく、こうして湖の底に潜って泥を集めて、そこからほんのわずかの金を掘り出し、それを仏様に供える。これも仏心のなせる敬虔《けいけん》の業《ごう》なのかも知れない。

　ところで、このインレー湖に行った俺は、全く驚くべき大事件と偶然に遭遇したのである。おそらくこの国で10年に一度起こるかどうか、いやこの地球上でもそうはめったに起こっていない悲惨な航空機事故を目の当たりにしたのである。まあ数多く地球の津々浦々に旅をこなしてきた俺でさえも、極くわずかな確率としてしか出合えない、奇跡のようなことであった。

　たまたま、俺がその浮島小学校の校庭に立っていたときのこと。上空でミャンマー空軍の戦闘機が一機、飛行訓練か何かをしていたのであったが、何と突然その戦闘機がバランスを崩して、５００メートルぐらい上空から機体の頭部を下にして真っ逆さまに落ちてき

て、大きな爆音と共にインレー湖に墜落したのであった。インレー湖というのは、浮き草が密植しているようなところであるから湖の深さはせいぜい4〜5メートルぐらい。湖底にある土は泥の層が何メートルも厚く堆積しているので、墜落した戦闘機はそのまま頭から泥の中に潜り込んでしまい（泥の層が衝撃を吸収して炎上せず）、わずかに尾翼を水面上に出しているのが、持参していた双眼鏡から見えた。それは、俺のいるところから大体500メートルぐらいの地点に墜落した。こんな偶然に出合うのは初めてだったので、その時は本当に興奮した。浮き草島の人たちにとってもおそらく初めてのことであったのだろう。とたんに蜂の巣をつついたように大騒ぎとなり、島民は墜落した戦闘機の尾翼が見える浮き草の岸の方に走って行った。パイロットの命を助けようと、船を出して救助に行く人の姿も見られた。そして写真(119)はしばらくして収容されたパイロットの遺体が運ばれてきた、湖に流れ込む川の上の粗末な船である。それを島民は不安な姿で見つめながら、涙ぐむ人たちでいっぱいだった。1998年8月23日午前11時。2時間ぐらいして軍の幹部の人たちが何十人も駆け付けてきたらば、島の人たちは何も見なかったようにさっと散った。

写真(120)〜(123)は、いかにインレー湖が魚の豊かな所であるかを物語る様子である。湖の周辺には多くの町や村があり、そこに市場がある。浮き草の島の漁師が朝漁った魚をそれぞれの市場まで運んで行って、それを仲買人に売り、その魚が店頭に並ぶのである。鯉《こい》や鮒《ふな》の類、鯰《なまず》や雷魚、白鰱《はくれん》や黒鰱《こくれん》の仲間、草魚《そうぎょ》、鰻《うなぎ》や田鰻、エビやカニ、多種の貝類と、それはそれは豊かであった。(123)の切り身など貴方、見ただけで涎《よだれ》したたりませんかあ？　とにかく市場の魚はかくの如く新鮮。全て朝漁りして、その日のうちに売る、買う、食う。この

122

123

121

新鮮さ冷蔵庫がまだ広く普及していない人たちの特権でありますなあ。

さてミャンマーのインレー湖の写真の最後(124)は、湖の畔のニュアウンシェエという小さな町にあるフーピンホテル（インレー湖を旅する日本人にはこのホテルがおすすめだ）の経営者と並んだもの。見よ諸君、この巨体を。俺も日本では太っちょ、おでぶちゃん、味覚人肥満物体なんて言われているけれども、さすがインレー湖の魚や果物を腹いっぱい食べているオーナーだけはある。台秤《だいばかり》で計測してみたらば、俺は78kgであったが、彼は倍の１５９kgでありました。こうして見ると、俺もスマートでありますなあ。

124

滝

旅をしていると、ときどきはっ！と息をのむほどの絶景に出合うことがある。そんなときは、それまでの疲れがいっぺんに吹っ飛んで行ってしまい、生きていることの喜びや旅の嬉しさが込み上げてくるものだ。

何週間か旅を続けていると、一日に何度かは小さな美しい景色や珍しい風景に必ず出合うものであるが、そのような旅の全日程の中で、必ず一度、生涯忘れ得ないような絶景に出合うことがこれまでの経験であった。

中国の貴州省を旅していたとき、近くに大きな滝がある、ということを聞いて、そりゃよい、ぜひ行ってみよう、ということになった。険しい山道を喘ぎながら歩いていると、ゴォー！と轟く滝の音が次第に耳に入ってきた。これは大きいぞ、とそのとき直ぐにわかった。足元からドーッという感じがしたのだ。

そしてさらに山道を登って行くと、その音は天をも裂くような凄い音となり、それを耳にしながら進んで行くと、突然明るく見晴らしのよい頂上に出た。すると目の前に写真125の滝が出てきた。それはまさに絶景であった。圧倒された。

せっかく来たのだから近くまで行ってみようと、滝に向かって尾根づたいに歩いて、さらに滝壺に近い所まで降りて行くと、目の前に巨大な水のカーテンが迫

っていた(126)。凄い水飛沫《しぶき》で衣服もたちまち濡れるほどだった。瀑鳴も猛烈で、隣の人の話し声など全く聞こえない。その脇に「滝の横から登って、滝の真横を通り、滝と岩の間に入れる」、というようなことが書いてあったので、そりゃ行かぬは損々、とばかりに挑戦してみた。登り始めて15分ぐらいして、滝の真横に辿り着いた。絶壁の岩の上を、滝の水が滑るようにして真下に垂直に落下している。その滝の水が流れ落ちて行くのを見ていると、ついつい自分もそこに吸い込まれて、滝壺に落ちて行ってしまうのではないか、といった錯覚さえ起こった。そう思うとたんに足元がすくみ、恐怖心も少し湧いてきた。とにかく諸君、写真(127)を見よ。俺の数メートル横に、もの凄い瀑鳴を轟かせている滝の絶壁があるのだ。高いところの嫌いな高所恐怖症の人、水に特別の恐怖感を抱いている人などには全くおすすめできない恐ろしい絶景。

　そしてそのまま又、上に登って行くと、そのうちに滝の真後ろに入った(128)。つまり、滝の水と絶壁の岩との間に挟まれるような形で滝を見ているのである。身軽な中国の人たちにさえもさすがにこの場所は危ないのであろう。「危険」と書いた杭《くい》が打たれていた。

こうして、その危険なところを通り抜け、さらに登って行くと、やっと滝の八合目ぐらいまで来て、もうその上に登って行く道は無かった。そこから滝壺の方を見た景色が(129)である。いやはやずいぶん高い所まで登ってきたなあ、と思うほど、その滝の水の落差は大きかった。頭上からはまだ滝の水が流れ落ちてきている。遠くを見ると、滝壺の遥か向こうに、川を渡れるような形で岩石が道のように横たわり、その上に数人の人が立っていた。その人たちの小さいこと。それは粟粒か芥子《けし》粒ぐらいであった。この滝の巨大さは、その滝壺の大きさからも解った。俺にとって旅の嬉しさは、うまい飯と芳醇《ほうじゅん》薫香《くんこう》共に無比の酒、そしてこういう絶景との出合いである。

127

128

ゴールデン・ロック

ミャンマーには世界遺産であるゴールデン・ロックがある。この国を象徴する有名なパゴダ（仏教遺跡）で、おそらく読者諸君も一度は写真やテレビの映像などで見たことがあるだろう。

断崖絶壁の上に巨大な岩石があり、その上に金箔を張ったこれまた巨大な岩石が乗っている。今にも転がり落ちそうなこの岩石は、微妙なバランスを取りながら落下せずに、何百万年か何千万年もの間じっとしている。正式にはチャイティーヨ・パゴダと呼ばれ、このパゴダの中には仏陀の髪の毛が納められていると言われている。これを見ないでミャンマーは語れない、と昔から言われているのであるが、ミャンマーに旅をした日本人でこのパゴダを見て、触ってきた人は実はそう多くはないはずである。その理由は、そのパゴダに行き着くまでには大変な時間と労力を要するからで、首都のヤンゴンから自動車で6時間ほどかけてまず山奥の田舎町バゴーに入り、さらにそこから約5時間、今度はデコボコの山道を車で走り、チャイトーというゴールデン・ロックのある山の麓の村に着く。さぁてそこからがまた大変で、徒歩で5時間ほどかけて登山口（ベースキャンプ）に辿り着かなければならない。その5時間の道は、断崖絶壁の間を抜けながら急勾配のアップダウンを登り下りして、次第に山に登って行くような道になっている。よくもまあ昔の人はこんな坂道をつくったものだなあ、なんて思いながら息を切らして喘《あえ》ぎ喘ぎ登って行く苦しさはかなりのものだ。

こうして海抜１０８０メートルのハァウンラァウン山山頂に辿り着くと、そこには立派なお寺があった。寺の境内は裸足になって歩かなければならないことになっているから登山靴を脱ぐ。そしてその境内の一番奥に明るく開けた広大な空間のような所があり、そこを見ると、突如として絶壁の上に突き出るようにして座っている黄金の巨石が目に飛び込んできた。石の周囲24メートル、高さ８メートル、その岩の上に乗っている仏塔の高さは５メートル。その黄金の巨石は、今にも転がり落ちそうな様子で、巨石の上にじっと座っているのである。

「チャイティーヨ」というのは、仏教文化を開いたモン族の言葉で「僧侶の坊主頭に乗った仏塔」という意味だそうで、今から１０００年以上も前から僧侶や巡礼者らによってその巨石に金箔が貼られ続けてきて、石全体が黄金に輝いているのである。今でも金箔が境内で売られていたので、俺も記念のために貼ってきた。

写真130は、汗びっしょりかいて厳しい山を登ってき

た直後にゴールデン・ロックの下で写したものである。どうですか、この誇らしげな俺。(131)は今にも落ちそうで落ちずに千年以上もじっとしている黄金の巨石の遠景。実に異様な姿だが壮大だ。そして(132)を見て下さい。こんなに重い石が、たったこれだけのスペースで、そしてこの斜めの角度でかろうじて乗っているというのに、山の山頂の強烈な風雨に負けずに何万年か何十万年、いや何千万年もの間落ちないのだから信じ難い自然の不思議さである。そこで更に近づいて接写したのが(133)である。何と何と、下の巨岩の上に乗っているゴールデン・ロックの底は丸い形をしていて、それもほんのわずかしか接地していない。だから一層不安定さは増すはずなのだが、しかし落ちない。全くもって不思議な現象で、自然の中の最大奇跡、といったところだ。人生最大のピンチだ、絶壁に立たされて後がない、なんていう悩みを抱える諸君がいたならば、その都度この頁を見て、チャイティーヨの力の強さに学び、自分も強くなれるのだと悟って、がんばりなさい。

子供たち

旅をしていると、それぞれの国で出会う子供たちの顔は、とても無邪気で、そしてあどけなく、眩《まぶ》しく輝いていて、神聖だ。だから疲れた心も体も、子供たちを見ると一遍に和《なご》み、癒される。どんな民族でも、子供は共通した人類の宝物である。

前頁(134)を見て下さい。このあどけない顔を。とても貧しい村の子供たちであるのだけれども、眩しいほどの笑顔と輝く目。お姉ちゃんが弟たちに花冠をつくって、それを頭にのせた直後のものである。生活は貧しいが、心は実に豊かで明るく、純粋であることは、何よりもこの子らの顔が証である。

135

136

137

(135)は、カンボジアの高地クメール族の家の庭先で写したものだ。全裸でオチンチンを出して走り回って、そしてあぁ~疲れたと腰を下ろした瞬間である。それを見るお父さん、お母さん、おばあちゃん、兄弟たち、そして犬(136)。昼過ぎの、農作業の合間に休んでいる風景であった。この村の中に、実にみすぼらしい小屋がひとつあって、そこが学校だということだった。机もなく、黒板のようなものが一枚置いてあって、そこで子供たちは元気な声を張り上げていた。どの国でも、年上の子が年下の子の面倒を見

140

139

142

141

144

143

る風景は見られるが、その村でも年長の少年や少女が学校から出てきた子供たちを遊ばせていた(137)。こういう絆は昔の日本では当たり前に見られたものであったが、今ではほとんど見られなくなったのは残念なことである。(138)は中国雲南省の、西双版納《シーサンパンナ》の山奥の村の子供たちで、お兄ちゃんの背中でスヤスヤと寝ている弟、そのお兄ちゃんにピッタリとくっついている妹。お兄ちゃんはこの後、大人たちと山に入って野生の茶を摘みに行った。よく働くお兄ちゃんで、実にいい顔をしていた。庭に残された妹は、今度は弟の面倒を見ながら犬と遊んでいた。生活は苦しくとも、そこには永遠の愛と人間愛があり、神聖な平和があった。

民族衣装は子供のあどけない姿を更に引き立ててくれる。(139)は中国貴州省の苗《ミャオ》族、(140)は内蒙古自治区の満州族の子供である。あどけなく、本当にかわいい。(141)と(142)はウイグル族の少女たちだけれども、顔はさまざまで、イスラム系のあり、ヨーロッパ系ありで、この子供たちの顔から過去の歴史の複雑さも読み取れる。

タイやミャンマー、カンボジア、チベットといった仏教国に行くと、子供の修行僧によく出会う。(143)は朝の勤行《ごんぎょう》のひとつとして、寺の外に出て托鉢《たくはつ》の行をしている二人の少年僧で、誠にもって礼儀正しく、またそれを見守る大人たちも、彼らを敬いながら真摯にとらえていて、その姿に感動させられた。仏に仕える身として心身共に汚れがないことは、この二人の目の輝きと澄んだ美しさから読めた。一方(144)は、ちょっと物陰に隠れてひと休みしている少年僧で、弟に説教をしてやっているところだという。弟は兄の話すことなど聴く耳持たずと、一生懸命竹のおもちゃをいじっていた。

(145)から(147)は、ＮＨＫの取材のときのもので、生まれて初めてテレビカメラの前に立ったり、その場で自分たちが映し出されているモニターテレビを見ている子供たちの様子である。びっくりする子や、驚いて開いた口がふさがらないという子、喜んでいる子、奇妙なものだなあ、と覗き込む子などさまざまで、いずれも興奮気味であった。(148)の三姉妹はカメラを向けただけ

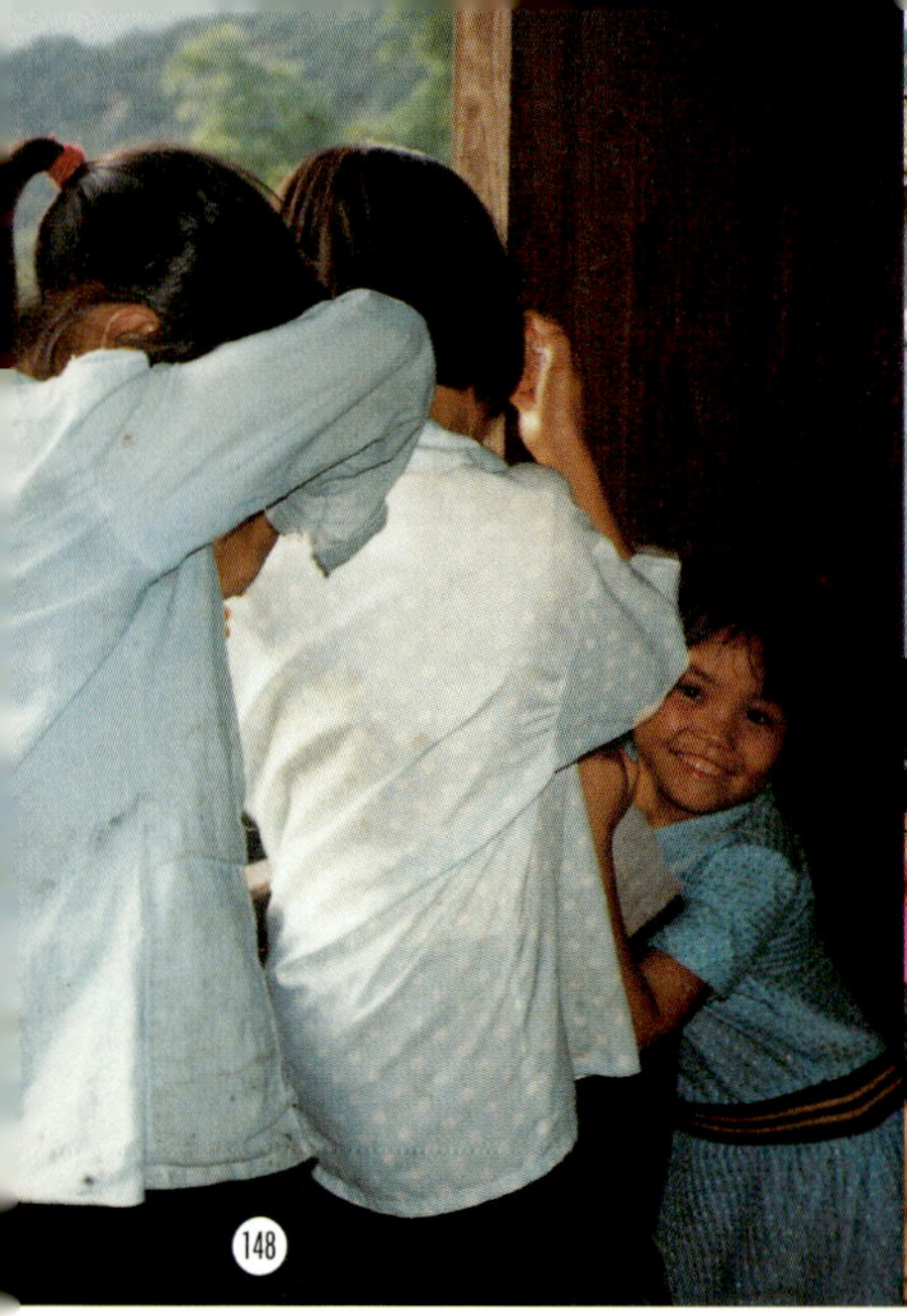

148

147

149

でこの有様である。昔、日本の田舎でもこんな光景があったなあ、と懐かしくも思った。思春期に近い上の二人は恥ずかしがってとても顔など映させてくれず、一番下のちゃめっ気の多い妹だけがこの後、テレビカメラに応じてくれた。それを薄暗い部屋の陰からクスクス笑いながら面白そうに覗き込む姉二人。なんだかこのまま時間が止まって、大人になってほしくないなあ、なんて俺は勝手なことを考えてしまった。

しかし、カメラを向けられると逃げてしまう子供たちばかりではない。積極的にいい顔を見せてくれる子供もいて(149)、中には(150)のウイグル族の子のように、何とポーズを取ってくれることもあった。こういう子供たちは根っから性格が明るいようで、仲間の子供たちからも人気が高いということであった。

誰もいない寒くて暗い家の中で、たった独りで綻《ほころ》んだズボンを縫っている男の子がいた(151)。年は幾つかと訊くとまだ6歳だという。鼻水をたらしながら小さい手で糸と針を持っていた。もうこの歳から、自分のこ

151

152

とは自分でやらなくてはならない生活環境の中にあってこそ、このような静かだが逞しく自信のある顔になったのであろう。何もかも行き渡って、楽の出来る日本の子供たちに、このような顔はあるだろうか。この子に俺は凄く考えさせられた。

(152)はカンボジアの山奥の農家の前で写したものである。俺が被っていた野球帽を土産代わりにやろうとすると、遠慮して決して受け取らなかった。上げる、と言っても逃げていく。ところが、俺がカバンの中か

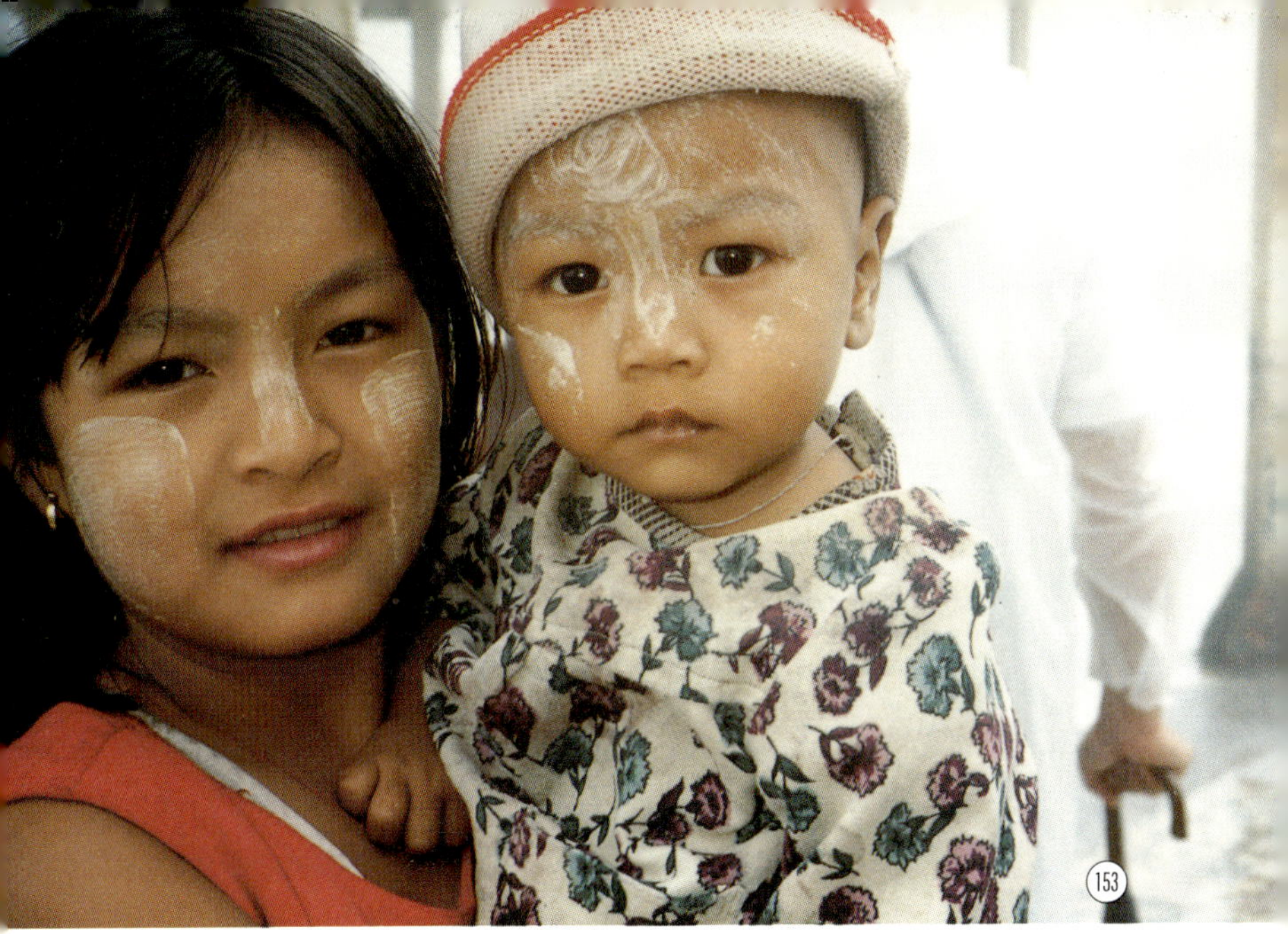

153

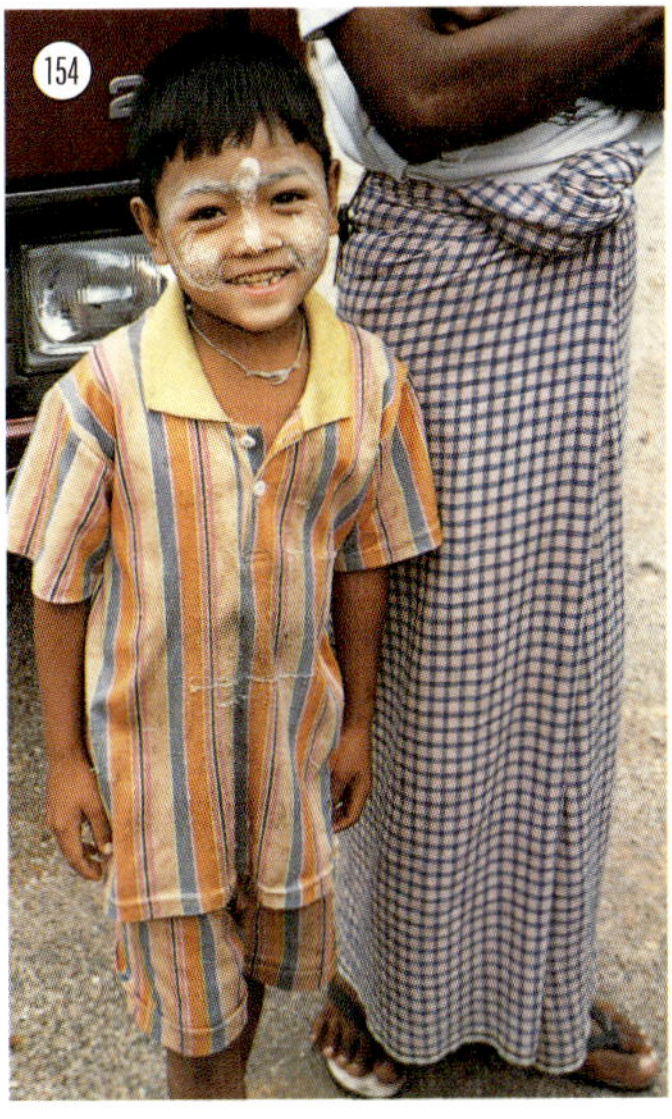

154

ら別の帽子を出して被ると、その子は安心したような顔をして俺に近づいてきた。そこで俺はその子の頭に野球帽を被せてやったらば、ニコリと微笑んで受け取ってくれた。自分が帽子をもらったら、おじちゃんの被るやつが無くなり、暑い所なので病気になってしまう、とでも思って心配してくれたのかもしれない。実に心の綺麗な、純心な子供に見えた。さてこの写真、よーく見てください。実は俺の少年時代そのまま、というより瓜二つの顔なのである。親子と言っても信じ

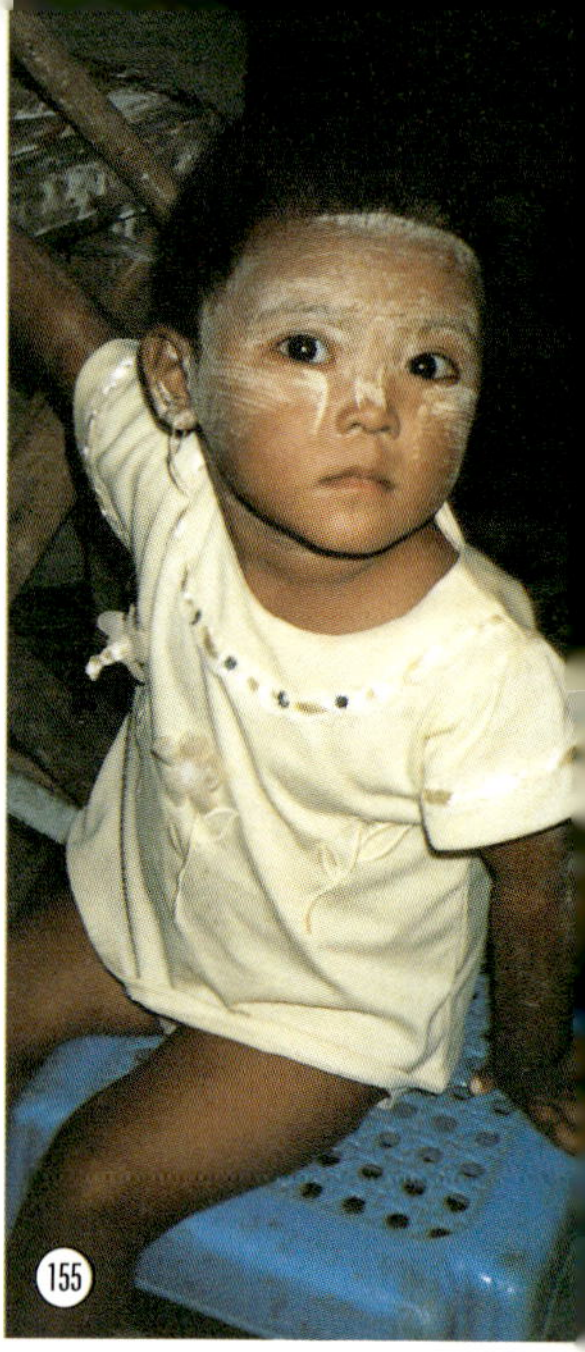
155

られてしまいそうな俺とその子。この写真を見るにつけ、俺はまたこの子に会ってみたくなるのである。

(153)と(154)はミャンマーのヤンゴンで、(155)はずっと山奥の農家で「タナカサン」を顔に塗った子供たちである。実に無邪気でいい顔をしていて、そして何よりも「タナカサン」が似合う。民族の化粧とは面白いもので、これを中国の子供や日本の子供、その他の国々の別の民族の子供たちの顔に塗ったところで、このように似合う顔は出来るだろうか。面白いことである。「タナカサン」というのは、日本の「田中さん」とは全く関係が無く、女性と子供たちが顔に塗る化粧品の一種である。この「タナカサン」については後章「物を売る女たち」で説明する。

(156)と(157)は働く子供。発展途上国の子供たちは実によく働く。ろくに学校にも行かず（行けず）に、一生懸命仕事の現場に立っている。そんな姿もいっぱい写してきたが、ここでは2枚だけ載せた。(156)はラオスとミャンマーと中国の国境付近で茶摘みをする女の子。この子らは互いに民族が違うというので、頭にかぶる衣も、衣装も、持っている茶入れ（籠と布袋）も異なるのであるが、しかしピタリと呼吸を合わせて仕事をしていた。面白いことに二人とも全く違った茶摘み唄を歌いながら、楽しく仕事をしているのであった。民族の文化とは何か、もし何もかも同じであったらその民族の存在の意味は無いのだ、ということを村の大人たちから自然に教え伝えられているためなのかも知れない。

(157)は本当にいい顔をした少年である。朝から晩まで仕事場であるこの土間の上に座って、一日中、魚の漬け物をつくっていた。「学校へ行きたいけども、仕事も楽しいからいいんだ」と言っていた。病床の父親の薬代を稼いでいるのだそうだが、表情は実に明るかった。

157

砂漠で小便すれば……

新疆維吾爾《シンチャンウイグル》自治区の喀什《カシュガル》から東に入ってタクラマカン砂漠に行った。車窓の外は砂砂砂。ひたすら砂であった(158)。それも、砂山で砂しか見えない。「タクラマカン」とはウイグル語で「入ったら出られない」の意味の通り、これでは砂漠に入ったら一体どこがどこだか全く見当もつかず、出られないであろう。大昔は湖底だったそうで、今ではすっからかんに乾いた大地。

その自然の不思議な驚異と圧迫感は凄い迫力があった。砂丘の平均的な高さは50メートルぐらいだというが、高い方では２００メートルといった所も少なくない。何せこの砂漠は、日本の国土に匹敵するほどの広大さであるから、これが皆、砂だと考えただけでぞっとする。近くの小高い砂丘を見つけそこに登って行って向こうを見ると、とても眺めのよい砂丘であった。東

(159)

158

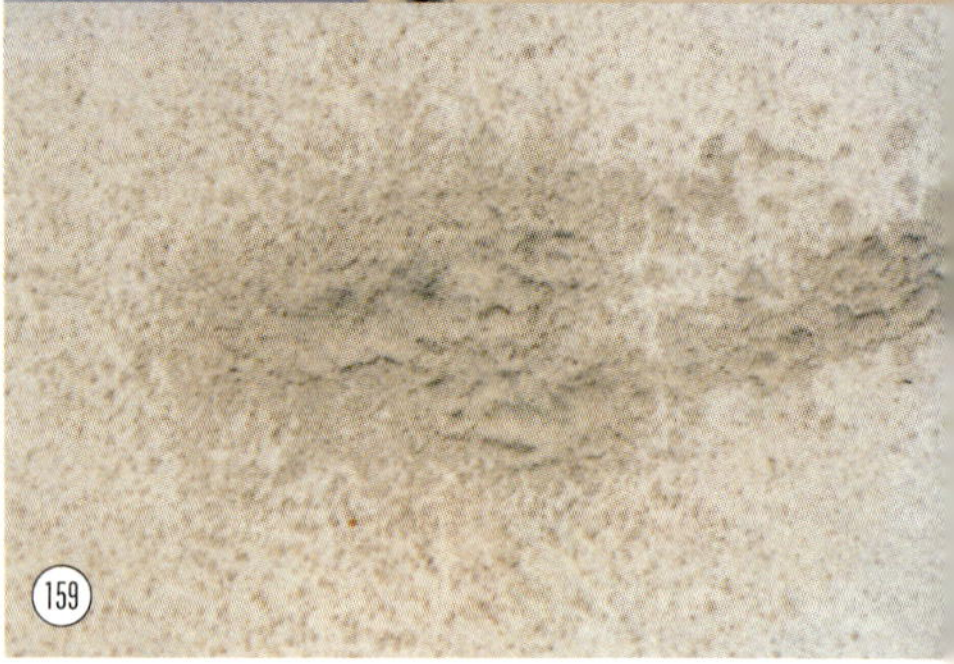
159

の方を向きながら遥か彼方にはゴビの砂漠もあるのか、と思いにふけっていたらば、大学生時代によく歌っていた戯歌《ざれうた》を思い出した。「万里の長城で小便すればあ、よいよい、ゴビの砂漠に虹が出えるう〜。あ〜よいよい」。すると、俺はとたんに尿意を催し、よし、この広大な砂漠で気分よく小便すっか、ということになり、⑮⑨の如く立ち小便をした。

俺の体から迸《ほとばし》って出て行った小便は瞬時にしてタクラマカン砂漠の砂に吸い込まれ、足元を見ても、何だか放尿したのかしないのか解らないような味気のない気持ちになった。世に「大海の一滴」とか「大河の一滴」という、取るに足らない微量な様子をいう表現があるのだけれども、俺の「大砂への数滴」はそれにも劣る空しいものであった。「小便を砂漠の砂にした後はその空しさに我が心沈む」か。何となく物足りなさでいたらば、足元でヒョコヒョコと動くものがあった。よく見るとスナトカゲであった⑯⓪。俺を慰めに来たのか、小便の水分を有難く頂戴しに来たのかは解らないが、実に愛嬌者であった。

160

蒸気機関車

　俺が旅する先には不思議と蒸気機関車が多い。有り難いことだ。高校生のとき、蒸気機関車の引く客車に乗って通学した想い出が今でも忘れられず、大きな動輪をピストンで動かし、煙を吐いて疾走する巨大な鉄の塊りにずっと憧れてきた俺でもある。

　ミャンマーの山の中の道路を車で走っていたときのことだ。林の中を出てきて、急に明るくなった道をしばらく行くと、何と、道路を挟んだ直ぐ脇の小藪の脇に、真っ黒い鉄の巨体が煙を吐いて止まっているではないか(161)。びっくりしましたなあ。こういうのが突然目の前に現れると、感激を通り越して異様な感じさえするほどで、正直言って腰を抜かすほどの衝撃であった。そしてその驚きは、直ちに嬉しさと感動に変わり、跳び上がって叫びたくなるほどの喜びになった。やはり俺は、心の底からＳＬが大好きなのだ。

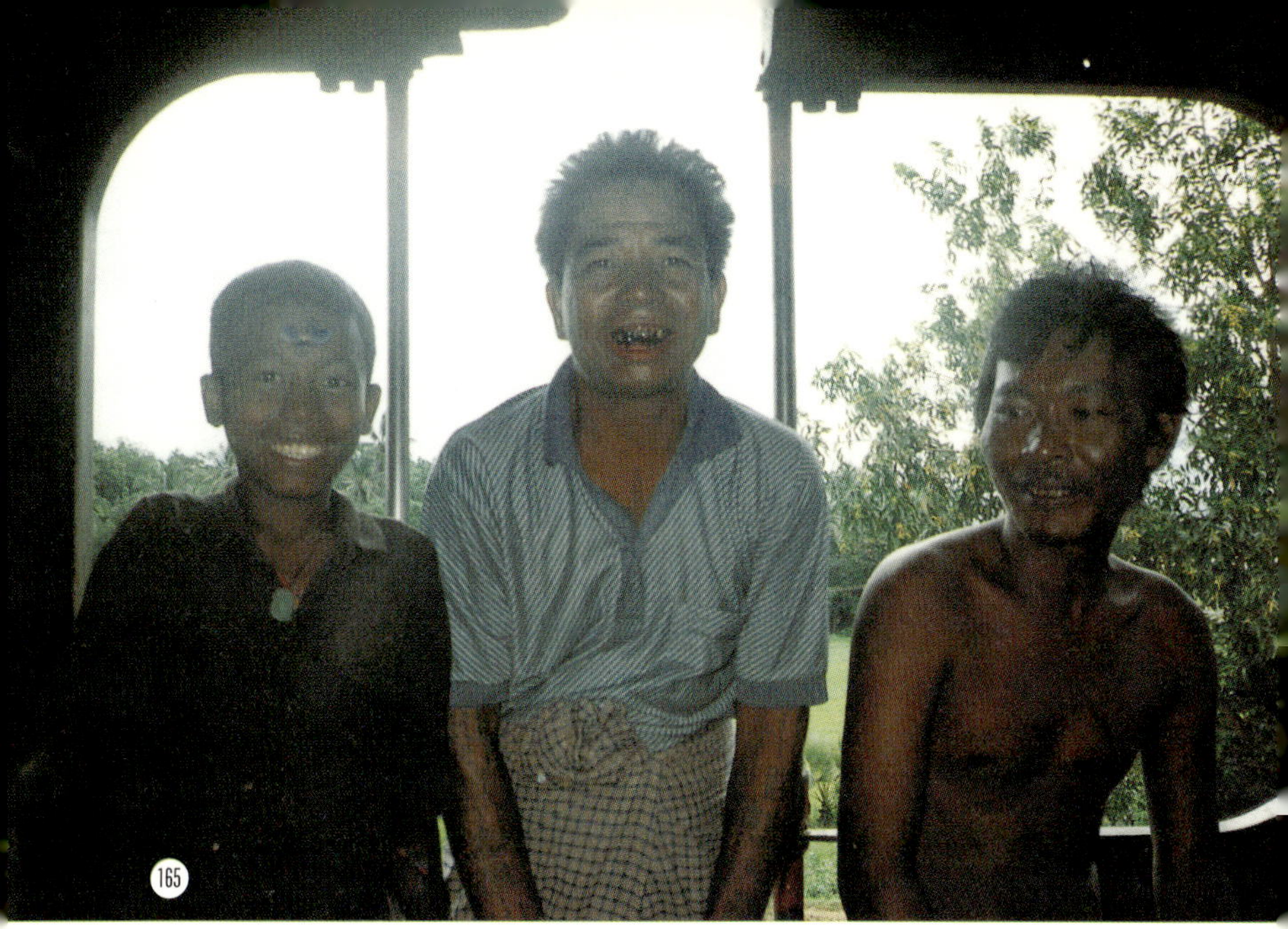

165

163

その機関車はイギリス製の古いもので、80年も前につくられたものだという(162)。しかしながらデザインがとても良く風格もある。どうしてこんな山の中に停車していたのかと訊くと、それが面白い。何と燃料用の木を積んでいたのであった。線路の脇のあちこちに薪《まき》を切った束が重ねて置いてあって(163)、それを燃料にしているという。燃料が切れれば止まって木を積んでまた走る。実におおらかでしたなあ。願ってもないチャンスだったので、運転席に乗せてくれないか、と言うと二つ返事でよろしいよ、ということになり、そこに乗り上がってVサイン(164)。そして、そこで働いていた機関士たちの顔を見て下さい(165)。煙の煤で真っ黒けのけ。中央のおじさんが機関長、右は副機関士で息子、左は助手の少年(16歳)だということだった。運転席は実に古く、というよりはシンプルで(166)、木炭蒸気機関車の特徴がよく出ている。足元には、積み込んだばかりの燃料がゴロゴロと転がっていた(167)。そして機関士は三人とも草履《ぞうり》ばき。実に悠然としていて長閑《のどか》でしたねえ。

この国は歴史的に長くイギリスの影響下にあったので、機関車ばかりがイギリス製ではない。写真(168)と(169)は首都ヤンゴンを走るイギリス製のバスで、こちらも80年も前につくられたのが、そのまま走っているという。ヤンゴンではこの型のバスが今でも何十台と現役で働いているというのだから偉い。「物持ち」の見本のようなもので、みんながこういう古い機関車やバスを

168

169

前进2991

171

大切にしているのである。

　中国の内蒙古《モンゴル》自治区に行ったときには(170)の巨大機関車を見た。これが有名な「前進号」で、中国の鉄道史上に君臨し、今でも活躍中のＳＬである。この重量感を見てほしい、この迫力を感じてほしい。とにかく大きくて重い。ところが、遠くから見ると(171)、実は大変にスマートで気品と逞しさの両方を備えているのもこの型の魅力なのである。機関車部分だけでも総重量２５０トン、２３００馬力で現在世界最大のＳＬである。この「前進号」が中国で一番最初につくられたのは１９５０年代、この写真の機関車「前進２９９１号」は１９８０年につくられた。現在この型は、黒龍江省や内蒙古自治区を中心に１１５両が活躍している。

　赤い５個の動輪が実に眩《まぶ》しく、この左右10個の動輪で平坦地ならば荷を満載した80両もの貨物列車を牽引することが出来るというから驚愕だ。20トンの石炭と50トンの水を馬力源として積み込むことができ、それで２５０キロメートルを走ることができる。山道が続く坂の多い地域では、この前進号を二両繋いで重連牽引するが、その光景は迫力以外の何ものでもない。

　(172)はその前進号のやや古い型のもので、「前進１６４６号」である。こんなに老朽化し、全体が錆び付いているのだけれども、力は全く衰えてなく、しっかりと現役を熟《こな》している。(173)は内蒙古自治区の海拉爾《ハイラル》と満州里《マンチョウリイ》間の大草原を疾走する前進号である。雄大な草原の丘、牛の群れ、そして蒸気機関車の雄姿。感動的ですなあ。

　所変わって(174)と(175)は、ロシアのウラジオストク駅構内に安置されているシベリア鉄道初期のＳＬである。

172

173

177

174

175

今は全て電化されたりディーゼル化されて、ＳＬは過去の遺物のように展示されて小さくなっているが(176)、しかし、その当時の活躍を忘れてはいけないと、博物館とかＳＬ館といった所ではなく、昔活躍した現場、電気機関車が頻繁に往来する中に、こうして飾られているのは、何よりもロシア人のＳＬに対する感謝の念と、そしてＳＬに対するる愛情なのであろう。(177)はそのシベリア鉄道終点のウラジオストク駅、(178)はシベリア鉄道経由モスクワ行きの列車。

176

178

お正月

中国貴州省雷山県開屯村の苗《ミャオ》族の正月風景である(179)。村の若い女性たちは、目も散りばむぐらい美しい民族衣装で装って、村の小学校の校庭に集合し、太鼓やドラ（銅鑼）の音に合わせて丸く大きな輪をつくり踊るのである。

その踊る姿が日本の盆踊りに極めて近い形をしていて、実に驚いた。稲は中国から日本に渡ってきたというから、日本の盆踊りの原型ももしかしたら、一緒に来たのかも知れないと思った。近くに行ってその美しい衣装を見ると、頭には白銀で飾った豪華できらびやかな冠を飾り、首にも美しい金輪を巻き、実に色彩豊かな衣装を見にまとっていた。みんな実にあどけない顔をしていたが、新しい年を迎えた喜びも顔中にあふれていた。

(180)は今年結婚する女性で（右端はお相手）、この正月踊りが実家から出る最後のものとなるというので、何となく緊張している風であった。

179

180

182

さて午前11時、村のあちこちから正装した女性たちが学校の校庭に集まって、踊りの輪が出来た(181)。それを見る村人たちは鈴生《な》りの状態であった。踊りは、太鼓とドラの音によって実に単調なリズムで始まった。およそ4時間は踊り続けるのだそうだが、何せ冠の重さが5キログラムもあり、民族衣装も含めて全部合わせると15キログラムもあるというので、そのうちに疲れてしまい、ときどき休んだりしながら踊っていた。

183

181

踊るのは未婚の女性たちで、それを見ようと隣村の若い男たちも多数来ていた。聞くところによると、苗族のあちこちの村でこのような踊りが開かれ、それを機に知り合って結婚するカップルも数多く出来るということだった。農作物の豊作を祈るだけでなく、子孫繁栄のための祈りでもあるようだ。(182)を見ると解るように、この村は見わたす限り棚田ばかりで、従って米の豊饒を祈る意味の踊り、という色彩がとても強かった。

(183)は正月の日、家々の入口に掛けられた豚肉の切り身である。豚は豊かさの象徴なので、それを不足無く得られますようにと祈願しての呪《まじない》で、実はこれに似たのが日本の正月にもある。玄関先に飾られる「掛鯛《かけだい》」で、塩をした鯛《たい》の双口に縄を通して結び、これを吊して神に供えるもので、伊勢海老を飾る風習もある。お国は違うのだけれども、神に祈るときに空手形では駄目だということであろう。面白いことだ。

184

186

歓迎会

カンボジアの首都プノンペンから旧式の小型プロペラ飛行機に乗って、ベトナムとの国境にあるラタナキリ空港に飛んだのは2001年8月28日であった。この高地の山奥に住んでいる「高地クメール族」の人たちの民族調査（食文化）のためである。

飛行機は写真184のような小型機だが、アスファルト製の滑走路など無く、草の茂る野原の上に粗雑な道路

185

のようなものをつくり、そこに着陸するのであった。ロシア製の実に古いプロペラ飛行機で、パイロットと副パイロットの二人もロシア人だった。

185は到着したラタナキリのエアターミナルである。建物の中は木製の椅子が2脚あるだけであとは何も無いがらんどうで、空港の係員が一人いるだけだった。田舎の空港とはいえ、とにかく人がほとんどいない、実に殺風景なターミナルで、日本でいえばローカル鉄道線の小さな駅の待合所程度であった。

この飛行場から小型の荷物運搬用トラックの荷台に乗り、とりあえず宿に向かった。ラタナキリ村の中心地も殺風景で、商店が数軒あるぐらいであり、その一角にホテルらしきところがあった。ほとんどと言っていいぐらい、旅行者など訪れない村で、とりわけ外国人などこれまでほとんど見たことが無いようだったので、俺が外を歩くと村の人たちは珍しげにぞろぞろと付いてくるのであった。この村の商店では実に珍しいもの（猿の干物）が売られていたが、そのことについ

ては別章（「第一食」）で述べた。

翌日の朝、再びトラックに乗って、3時間ぐらい凸凹の山道を走りベトナムとの国境近くの高地に住んでいる高地クメール族の人たちを訪ねた。村に着くと、あらかじめ俺たちの訪問を知らされていた村人たちは⑱⑹のように村の入口で出迎えてくれた。驚いたことに皆、地面に中腰したり座ったりした格好でじっとこちらを見ている。案内の人は、この辺りの人たちはこうして腰を下す習慣があると教えてくれた。高地クメール族の人たちは現在、2万人ぐらいしかいなくなったという。山の中で生きていくには大変な苦労があり、またこの辺りは、ご存知の通りマラリアの蔓延地で危険地域でもあるため、その生活は想像を超えた厳しいものがあるとのことだった。⑱⑺でも解るように、彼らは俺たちの歓迎のために農作業の衣服から客を迎えるための服に着替えてきたのであった。これには本当に恐縮した。

その日の夜、村人たちは俺たちを村の集会所に招い

189

190

て歓迎会を開いてくれた。それぞれ家から料理を持ってきて、それを食べるのであったが、ここでも彼らは(188)のようにペタリと座り、めいめいが手づかみで食べ物を頬ばっている。そのときの料理は、彼らにとっては実に豪勢なもので、豚肉と野菜の炒めもの、炒り豆、飯、そして何種類かの熟鮓《なれずし》（魚や肉を飯と共に漬け込んで発酵させたもの）であった。これだけのものを一度に出すのは祭りや正月、そして外から大切な客が来たときぐらいで、日常は実に質素なものしか食べていないということであった。酒は(189)のように米の醸造酒で、これを甕に入れ、吸酒管という長い管をその甕に突っ込んで、皆でそれをチュウチュウと吸い回すものであった（吸酒管については「第二食」で述べた）。

村人たちが住む住居も甚だ簡単なもので(190)、何本かの丸太棒で家の支えをつくり、その上に竹製の家を乗せるといった、高床式のものであった。家の下では豚を飼い、残飯やその他のものを上から下にポイと落としてやると、豚はそれを食べて育っていくといった、無駄のないリサイクルがここでも見られるのである。

さて、(191)は豚の肉や内臓の熟鮓である。これが歓迎の席に出されたので、俺たちは喜んでパクパクと食ったらば、翌日の朝から、俺を除く６人の調査隊員はことごとく猛烈な下痢に襲われた。６人はひどい症状で、その日一日中は七転八倒の苦しみであった。幸いにして持参していた強烈な抗生物質によって２日後には６人のゲリラ部隊の下痢は治ったが、それにしても恐ろしいほどの下痢になったのである。どういう訳か、この俺はこれまで旅を通して、一度たりとも下痢をしたことはない。これはきっと、いつも持参している乾燥納豆のおかげではあるまいか、と思っている。

191

路上にて

実はこの路上で肉を売る女性の写真(192)のところに、別の何枚かの写真を掲げるべきか否か悩んだが、かなり衝撃的なものなので割愛した。

というのは、ある町のマーケットに行ったらば、その路上で生きたままの大きな野生鹿が残酷な手法で屠《ほふ》られ、それを解体していたのであった。食品衛生上、また動物愛護の観点から、とても許されないことが、まだこの地球上では行われているのである。

割愛した写真は、その現場の目を被いたくなるような凄惨なもので、この女性が座っている直ぐ後ろでそれが行われていた（よく見ると血のりが土にべったりと付いているのがわかる）。そしてその肉がホヤホヤと湯気を放ちながら売られているのがこの写真である。肉ばかりか、骨も皮も内臓もすべて商品であった(193)。

このマーケットには電気冷蔵庫という重宝なものが

194

195

無いので、こうして屠ったものを直ぐに売る必要もあるのだ。新鮮な肉が買えるので、客の方も都合がよいということで、こういうことになったのだろう。しかし、いくら何でも、子供たちも見ている前なのだから大いに考えられて然るべきことのように俺は思った。こういう現実が、まだこの地球上にはいくらもあるということを、皆で考える必要があろう。

194(上下)は、別の国での路上で牛を屠った直後の様子だ。ここでも何枚かの写真は割愛させてもらった。いくら味覚人飛行物体の俺だと言っても、その辺りの判断は持っているつもりである。こういう情景に出くわすと、食べることの人間の本質や原点といったものが、俺にはどうも判らなくなってしまいそうなことがあり、それに無常さや空しさを感じて、心の中に風穴が空いてしまう感覚に陥ることもあるのだ。写真195は屠られた牛を車で運んでいるもので、これもいずれ路上での解体となるのである。嫌な写真ではあるが、敢えて掲載して、この現状を皆で考えてみることにした。

物を売る女たち

東南アジアの場合、田舎に行けば行くほど女性の働く姿が圧倒的に多くなる。中でも自由市場というのか、路上で物を売るのは例外なく女性と言ってもよいほどである。では、男性たちは何をしているのかというと、実は女性たちが売る野菜をつくり、豚の世話をし、魚を捕っているのである。ところでこのように物を売る女性たちを見ていると、民族性が非常によく表れている。東南アジアや中国は多民族国家であるから、田舎の町や村に行っても、さまざまな民族が混在して生活しているために、市場に来る女たちもその民族の古くからの習慣によって行動しているのである。顔形や人相も異なり、衣装も違い、化粧もさまざまで、座り方もそして愛嬌までもそれぞれに違いがある。

写真196の女性は、歯を黒く染め、頭に衣を巻かないが、197と198の女性は巻いている。しかし、この二人の頭衣の巻き方は全く違うし、座り方も異なり、民族衣装に至っては全く違うので、同じ民族ではない。また199の女性と見比べると、顔の彫りや輪郭、肌色が違

199

198

う。市場に行ったとき、このようなことを意識して女性たちを見るのも実に楽しいし、勉強にもなる。

さて、次に市場で物を売る女性たちをいろいろと見ていこう。写真(200)には顔に白い粉のようなものを塗った子連れの女性がいる。(201)の焼き菓子を売っている女性も顔に白い粉を塗っている。このような化粧はミャンマーに行くといつも見られるもので、この白い粉のようなものを「タナカサン」と言う。いや日本の「田中さん」とは全く関係はなく現地の言葉である。子供を抱いている女性の子供の頬っぺたにも塗られているが大人の男性は塗らない。子供の前に売り物の木の丸太棒があるが、実はこれがタナカサンの素《もと》である。つまり、この木を端から切ると、白い樹液が出てきて、それを顔に塗ると、直ぐに乾いてこのようになる。つまり(200)の女性はタナカサンの素を売っている訳だ。どういう意味で塗っているのかを訊いてみると諸説紛紛で、単なるお化粧だと言う者、あるいは日焼け止めだと言う人、さらにはお呪《まじない》だと言う人などさまざまであ

201

200

る。(202)は焼き麩《ふ》をつくって売っている親子で、この二人は顔に「タナカサン」を塗っていない。「どうしてタナカサンを塗らないのか」と訊いてみると、「ここは日が当たらないのですよ」ということだった。とすると、日焼け止めなのかも知れない。しかし、外に出るときは塗る人が大半なので化粧なのかも知れない。まあどちらでもいいか。それぞれの民族は理由はどうあれ個性豊かである方が、民族としての文化の匂いは高いのでありますからね。

それにしても市場の女性たちは、どれも同じようなものを売っているのだけれども、これが夕方になるとほとんど売り切れるのだから、売るほうも買うほうも食べるほうも実に逞《たくま》しい。ペチャクチャペチャクチャと世間話をし、客を呼び込む声などほとんど無く(203)、客が目の前にやって来ると、商売が始まる。そこからが物売る女性たちの本領発揮で、「この私の売る野菜は隣の人のなんて問題じゃないほど新鮮でうまいよ」といった、自己商品の宣伝を先ず大声で捲《まく》したて、そし

202

203

て客との値段の交渉に入ると、その声はさらに大きくなって、何やら喧嘩調になってくるのも楽しい。そういうとき、客は頭にきて少し罵《ののし》りを言って去っても、別段気にもしない大らかさである。こういうところにも民族性が色濃く表れているのだ。しかし(204)の女性のように、ペチャクチャせずにただ独り、商品のバナナの中に埋まるようにして客が来るのを待っている女性もいる。実はこちらも民族性の表れである。夕立で急にどしゃ降りの雨が降ってこようと、じっとそこにいて雨の上がるのを待つ(205)。そこに小型の三輪オートバ

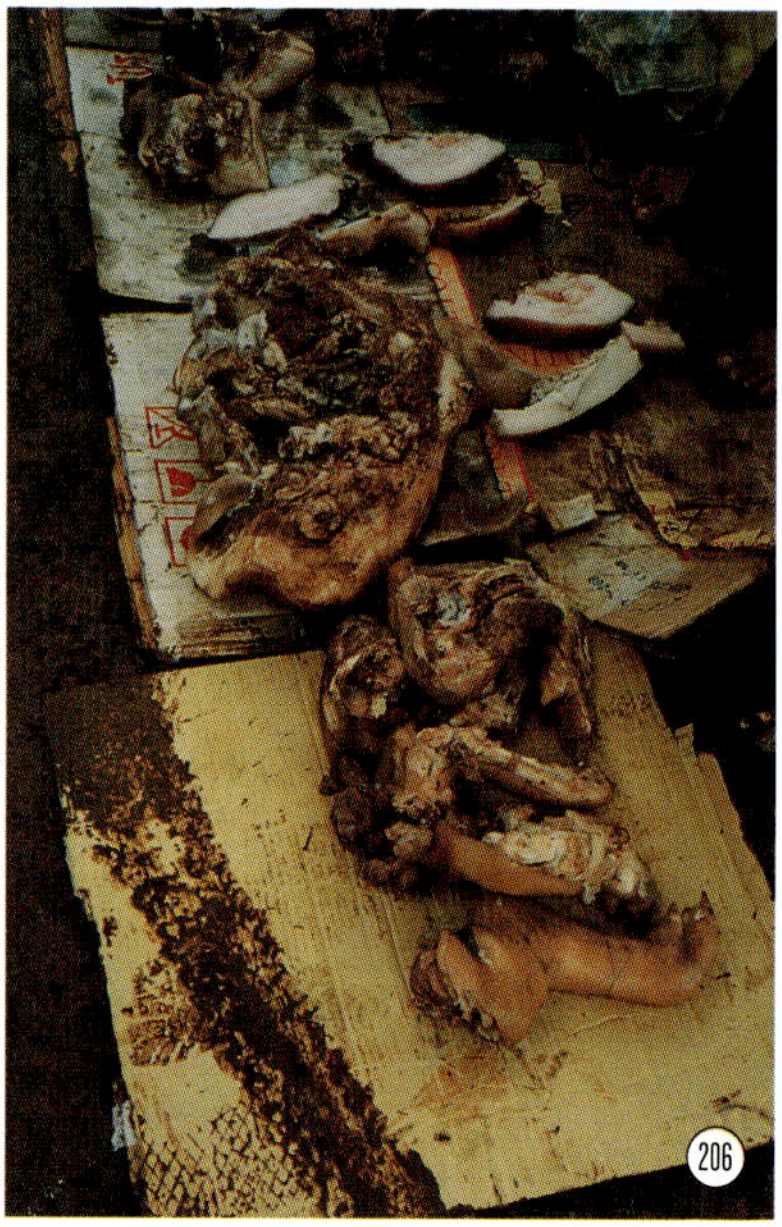
206

イが来て、目の前の商品に泥を跳ねようが、タイヤの跡を残そうが(206)、一向に気にしないのも民族性。反対に積極的に、巧みに客を呼び込むのも民族性で、(207)の女性はこの珍しい漬け物を買ってくれと、大声を上げて店の中から客に声をかけていた。売っているのは茶の漬け物で(208)、これは大変に珍しいものである。茶と言っても湯に煎じて飲むのではなく、食べる茶だからだ。茶の葉を塩漬けして発酵させたものだで、正確には「発酵漬け物茶」と言うべきものである。その食べ方は炒めものにするのがほとんどで、俺は、これを

207

208

209

買ってきて、肉や魚と共に炒めて食ったところ、食欲をひき立たせる実にすばらしい香りが料理に付き、また特有のほろ苦さは油のしつこさを抑えてくれて、なかなかのものであった。

209の女性も、ウナギを買わないかとさかんに客を呼び込んでいた。「この太いのを見てくれ!」と、ぐっと手に握りしめているのが女性であることに何かを連想させ、滑稽であった。

八《や》重《え》山《やま》で見た花と鳥

沖縄県の八重山諸島、とりわけ西表島《いりおもてじま》や石垣島に夏のある時期に行くと、正に幻の花というべき、幻想的なサガリバナに会うことが出来る。夏のある数日間、といってもほんの三、四日間しか見られない花で、大きな樹から、あたかも七夕様の短冊が垂れるような恰好をしてピンク色の華麗な花が咲き開き、下がってくるのである。それも真夜中にしか花は開かず、数時間咲いたらもう散り落ちてしまうので、いっそう幻の花となっている。朝まだ夜が明けぬうちに、この花の下に行くと、樹上からは大きなボタ雪が舞い降りてくるようにして落下してくる。その下に川が流れている所があって、落ちた花はその川の流れに浮いて、どんどんと流れ去って行くのである。この幻想的光景は、これまで数知れぬほど地球の旅をしてきた俺にとっても、まるで夢でも見ているような心地になる。

サガリバナの名は、今も述べたように花が下に向い

て垂れて咲くことによる。大樹から70センチほどの花序を下垂し、そこに5センチぐらいの放射穂状の美しい花をいっぱい付けているのである。花は美しいだけではなく、とてつもなく甘く切なく耽美《たんび》な芳香を持っているので、まさに一夜の命しかない夜の貴婦人、といったところだ。多くは、マングローブの背後の湿地や河川沿いの湿地に群生しているから、その花が落ちると川に流れて行って、幻想境をつくるのである。「花は流れてどこどこへ行く～う」という沖縄の歌の一節そのままの世界である。

写真(210)はそのサガリバナが垂れて咲いているところである。近くに行くと、甘く耽美な芳香が鼻を擽《くすぐ》ってくる。花をさらにアップで写したのが(211)だ。実に美しい。一夜の命、そして誰も見ていない真夜中に咲き、朝には散るという不思議な花だからこそ、一層の美しさが宿るのであろう。朝見ると、(212)のように落下して木道の上に散っていた。あまりに美しい花なので、それを拾ってきて、宿の盆の上に並べて、一日中見ていた(213)。

このサガリバナの近くに、やはり幻の野鳥と言われて名高いアカショウビンがいた(214)。アカショウビンも、散っていくサガリバナを、惜しむようにして見ていた。

213

214

第四食

美味たらし。

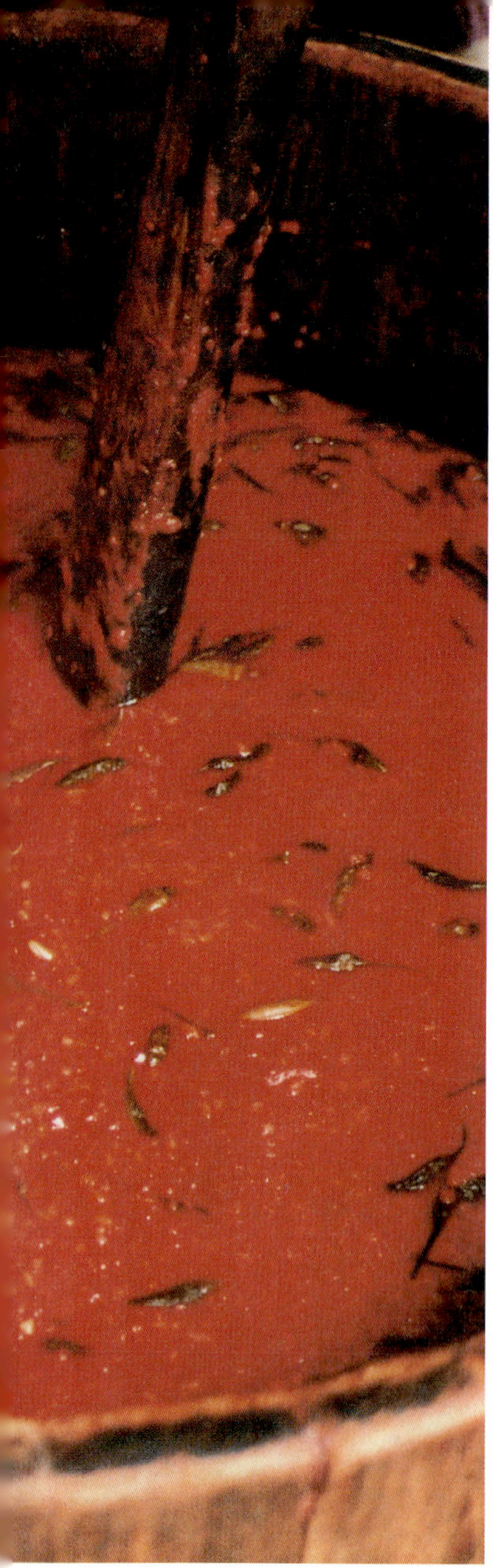

発酵トウガラシに舌ったけ

暑いところに住む人たちは、新陳代謝を活発に行って汗をしっかりと出さないとへばってしまう。そのためインドやスリランカには辛い食べ物としてのカレーがあって世界的に有名である。東南アジアの国々も暑さが厳しいので、そこには激辛味の料理が自然と多くなる。同じことは日本でも言えて、南国沖縄に行くとたんに辛い香辛料が多くなり、その代表が「島トウガラシ」だ。ほんのちょっと舌の先に付けただけでも跳び上がるぐらい辛い。また「ぴぱーず」という香辛料も激辛で、さらに南国の火の酒「泡盛」も、焼酎の

215

中では最も辛口に入る。

さて暑い国の代表と言えばインドだけれども、その隣国ミャンマーも大変に暑い。だから料理は大概辛く、それは写真(215)を見るとその辺りの雰囲気がよく解る。小桶の中で発酵しているのは実はトウガラシ主体の調味料で、いわば「発酵トウガラシ調味液」である。液の表面にはまだ潰《つぶ》し切れなかったトウガラシの鞘《さや》が浮いている。実に赤い色が美しく（きっと色素も加えられているのだろうが）、それだけに激辛さを一層感じさせている。トウガラシを丸のまま種まで潰し、そこに味付けとして塩、魚醬、魚の煮汁などを加え、また粘調剤として小麦粉や米粉などを加えてから自然の状態で発酵させると、乳酸菌や酵母がそこに棲み着いて発酵する。すると液は、辛味だけでなく、酸味や発酵香も出てきて、また辛味も丸くなってきて、すばらしい発酵トウガラシが出来るのである。

発酵終了近くに、特殊な固化剤を加えると(216)(217)のように固まってくる。それを(218)のようにビニール袋に詰めて商品となるのである。発酵終了後、そのままこのようにビニールの袋に詰めたのでは、まだ発酵菌が生きているので、市場に出してから再び発酵し、炭酸ガスを出して袋を破ってしまうのではないかと思うが、それは決して無い、ということだった。発酵学者の立場から見てもどうも不思議な話なので、きっと防腐剤か発酵阻止剤が加えられているのであろう。

とにかく街の市場に行って見ると（219）赤、赤、赤と激辛トウガラシ食品のオンパレードである。写真左手前のビンに入ったものも発酵トウガラシ、店のおばちゃんが手にしているのも発酵トウガラシで味付けし

216

217

たラッキョウだ。勿論、多くの種類の漬け物もトウガラシに塗《まぶ》されて赤々としている。

発酵したトウガラシというのは世界的に見ても珍しく、日本には新潟県新井市に「かんずり」、佐賀県には「がんずけ」(シオマネキのような小蟹の激辛塩辛)という発酵トウガラシの名品があり、これが大層風格のある味で美味しい。「発酵」というのは、まったく神秘的であり、不思議な力を持った生命現象だ。

221

日本に似たもの

糸を引くネバネバした「納豆」といえば、このところ日本人の消費量はウナギ昇りだ。

実はその納豆と全く同じものが中国やベトナム、タイ、ミャンマー、カンボジア、ラオスといったメコン川流域に多い。中国では南の米作地帯、とりわけ雲南省では常に食べられている発酵食品のひとつで、またラオスやミャンマーといったところもメコン川沿いで実に多く食べられている。220は路上（ミャンマーのマンダレー）で売っていた納豆で、籠《かご》に入って計り売りされていた。日本の納豆のように糸引きは強いものではなく、どちらかというとポロポロ、とした感じだけれども、匂いは正しく納豆である。日本以外のそれらの納豆地帯の納豆の食べ方は、俺たちのようにご飯の

上にそのままかけて食うといったことはせず、必ず野菜、肉、あるいは川魚などと共に炒めて食べるのが通常である。日本人はジャポニカ米という、粘り気のある米を炊いて食っている民族なのだが、中国や東南アジアは粘り気が全くないインディカ米を食べているので、そのような飯との相性が無いためなのだろう。

(221)はミャンマーの田舎町に行ったときに偶然見つけた梅干しである。梅の実は日本の和歌山県辺りのものよりも小さく、カリカリ梅の部類に入るものだと思った。その漬け方も日本とよく似ていて、塩漬けしてから壺にこのように漬け込んでいた。ただし、天日で梅を干すということはしていない。実は同じ工場内に、何と野生の米と麦を麹と塩で仕込んだ、日本で言ういわゆる「モロミ漬け」のようなものがあった(222)。この二つから共通しているのは、実に日本的な作り方であり、これはおそらく、日本が第二次世界大戦中にビルマ（ミャンマーの昔の名）に進攻したとき、日本人が現地の人たちに教えたものがそのまま残ったのではあるまいか。しかし、二つとも食べてみたが、どうも日本のものとは風味に格段の差があり、まだまだ改良の余地を残していた。訊《き》いてみると、現地では梅干しはかなり人気があり、またモロミ（諸味又は醪）漬けの方も売れているということだ。あの地方は何でもかんでも油で炒めて惣菜をつくるから、この二つのものは油料理に負けない酸味を持っているので人気があるのかも知れない。

(223)は豆腐や野菜の漬け物である。中国の南方やメコン川流域の国々には、大抵このような漬け物がある。上は豆腐の紅色漬け、下はさまざまな根菜を細かに切ってから塩漬けしたものである。豆腐の漬け物などは、形と色とも沖縄県の「豆腐餅《とうふよう》」に実によく似ている。野菜や肉などと共に炒めて食べるのであるが、チーズのような特有のコク味と滑らかさがある上に、出来上がった料理に赤い色彩りが添えられるのですばらしい。沖縄県の豆腐餅の赤色は紅麴菌《べにこうじきん》による色素であるが、写真のこちらは赤トウガラシである（中国の紅豆腐は沖縄と同じく紅麴菌の色素を使う）。東南アジアは熱帯なので暑く、新陳代謝を活発にして汗を流すようにしなければならないから、辛いものでの味付けが大切なのだ。野菜の塩漬けは、何でも油で炒めて食べる彼らにとって実にいい調味料的漬け物で、肉や魚と共に炒めて食う。最近、日本で焼き飯《めし》（チャーハン）やラーメンに高菜漬けや辛し菜漬けなどを少し入れて風味を付けるのが人気となっているが、それと似ている。

(226)

(224)は煮た豆を潰して固め、それにカビを生やしてから、塩水の中に入れて主に乳酸発酵を施した、いわゆる日本の「塩辛納豆」（金山寺納豆、浜納豆、寺納豆とも言う）に似たものである。表面の籾殻《もみがら》を払い落とし、固く締まったものを細かく切り、麵や粥にのせて食べる調味料的なものだが、これがうま味と酸味が濃く、実に重宝されていて、炒め物の隠し味としても使われている。

(225)は日本で言う「粽《ちまき》」に似ているが、中は、飯に魚と塩を加えて発酵させた熟鮓《なれずし》が入っている。(226)の竹筒の容器の中も実は熟鮓で、これを手に持ったり腰に結んだりして持ち歩き、農作業の合間に食べる。これをいちいちつくっていたのでは大変だというので、農村に行くと(227)のように、携帯用の熟鮓も売っている。さしずめ日本のお土産用の鯖鮓《さばずし》に似ている。
(228)はカンボジアの山中で見つけたもので、木の皮肌を容器にして中に川魚の熟鮓を詰め発酵させているところである。川魚を塩に漬けてから飯を加え、主として乳酸菌で発酵している。実はこれも日本の近江の鮒鮓や和歌山県の鯖鮓のつくり方に酷似していて、魚を塩で漬けてから今度は樽や小桶に飯、魚、飯、魚と交互に漬け込んで、主として乳酸菌で発酵させたものである。保存が効き、また発酵し終えた鮓《すし》には、発酵菌群のつくったビタミン類やアミノ酸群といった滋養成分が豊かに蓄積されていて、見事な知恵の食べ物となっているのである。
　とにかく外国を旅していると、時にして日本にあるものとよく似たものに出合うことが多い。このことは、国や民族は違っても、そこに生きる人の食に対する知恵の深さはそう変わりのないことを示しているのであろう。そういうものと外地で出合うと、何だかほっとすることがある。

カムチャツカ

俺が得意になって両手で支えているのはロシアのカムチャツカ半島の鮭である(229)。昨年（２００２年８月）、俺はカムチャツカ州の州都ペトロパブロフスク・カムチャツキー市に行った。人口25万人ぐらいの大きな町で、ベーリング海に面したロシア極東方面の重要な要塞地である。そのカムチャツキーから、カムチャツカ半島をオホーツク海まで横断しているとき、現地の漁師たちが浜辺で鮭を漁《と》っているところに出合った。定置網を上げるとゴロゴロと大きな鮭が掛かっていて、俺の足元でも太った鮭がピタピタと動いている(230)。漁師たちは「何匹でも持って行け！」と言ってくれた。まだ生きている奴を三匹、只でもらってきたので刺身にしたり焼いたりして食ったところ、これが実にうまかった。さすがに鮭王国だけのことはある。

とにかく鮭、鮭、鮭。ペトロパブロフスク・カムチャツキー市の市場に行くと、(231)のような、涎《よだれ》を誘う燻製を山のように積んで売っている。諸君、この色を見よ、このテカテカとした眩しさをご覧なさい。魚好きなら、涎を垂らさぬ人はありますまい。(231)はソフトタイプで(232)はやや堅めのもの。昔から燻製づくりはカムチャツキーの伝統であるので、このスモークサーモンを薄く切って食べてみると、鼻をくすぐる煙の匂いと鮭の濃厚なうま味とが一体となって、さすがに本場の

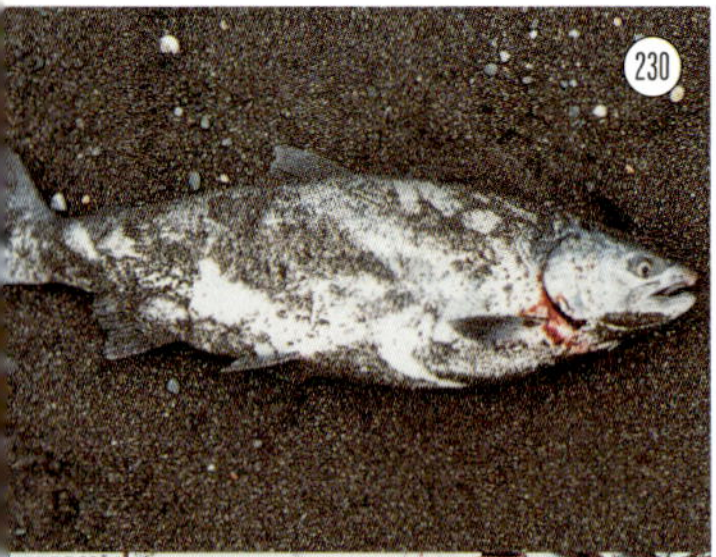

ЧП Засыпкина Е.С.
Балык нерки слабосол. 1кг х/к
Страна-производитель
Срок годности
Цена

233

234

燻製には、こりゃ脱帽だな、なんていうことになる。
鮭が豊富だから、イクラも市場には山のように積まれて安く売っている(233)。日本のものに比べて実に塩っぱいのであるが、コク味と濃厚なうま味はさすがであった。とにかく鮭、鮭、鮭なので、ホテルの朝食も(234)のようにイクラとバターをパンの上にのせたものしか出ない。こんな食い方を俺はこれまでしたことがなかったので少しとまどったが、しかしこれがなかなかの

(236)

もので、大層うまかった。
　オホーツク海に面した小さな漁村に行ったらば、(235)のように鮭加工場の板塀に落書きのようなものが書いてある。俺はロシア語は全く知らんので、案内人のロシア人に何て書いてあるのか？　と訊くと「イクラ買います」ってな意味のことだそうだ。一体イクラで買ってくれるのかなあ、なんちゃって。その加工場の近くに井戸があり、あのプーチンさんによく似た人が水を汲んでいた(236)。カムチャツカの井戸って、構造が面白いですなあ。日本の釣瓶《つるべ》式と同じなのだけれども、手動ではなく電動で巻き上げているあたりが面白い。
　ところで(237)はロシア名物「クワス」売りである。トラックの黄色いタ

(235)

ンクの中にクワスが入っていて、そこで立ち飲みさせてくれたり、ペットボトルのようなものに入れて売ってくれる。クワスはロシアでは有名な飲料で、非常に古い時代から飲まれてきたものである。ライ麦に酵母を加えてライ麦パンをつくり、それを砂糖水に溶かし、ハッカ、蜂蜜、シロップなどを加えて発酵させてつくる。わずかにアルコールを含んだ（大体１％）茶褐色の清涼飲料で、家庭でもつくられている。町でこのようにして売られているクワスは、リンゴや梨、漿果《しょうか》（水分の多い甘い果物）などのジュースを加えたタイプが多く、よく冷やしてある。飲むだけでなく、「オクローシカ」と呼ぶスープのベースとしても使われるのである。俺はその売り子のお嬢さんの金髪に惹《ひ》かれて、いや間違い、そのクワスの爽やかな味に惹かれて１杯注文し、よく冷えたそれをキューと飲《や》ったらば、微かな甘酸味と鼻をくすぐるような果物の芳香があって、それはそれはうまかった。

　さて、カムチャツカ半島を車で旅していると、ときどき(238)のようなドライブインでの風景がある。広大なカムチャツカ半島では、ひたすら長く延びる道が続く

237
КВАС
РУССКИЙ
ЛИВОНИЯ

ので、トラックやバス、自家用車のドライバーはこういうドライブインでトイレ休憩したり、食事をとったりするのだ。さて、このドライブインの名物は具詰めのパン。売り子の女性の前に車付きの保温箱(239)があり、その中においしいパンが入っている(240)。毛布のようなものに包まって温かく保たれていて、そのパンの中にはアンズ、キイチゴ、ブラックベリー、グーズベリー、ブルーベリー、レッドカラントといったさまざまな果物や漿果《しょうか》でつくった特製の具が入っている(241)。爽やかな酸味と微かな甘味が、温かいパンによく合って実に趣のある食べ物であった。つくる人によって中に入っている具やジャムにはそれぞれに個性があるので、車から下りたドライバーや旅人たちは、自分好みの保温箱に行って買うのである。そのドライブインの売店に奇妙な形をしたものを見つけた(242)。黒い蛇がとぐろを巻いたような、極太で光沢があって、何とも近付き難いものだが、これはソーセージを焼いたものである。その形や丸まり方を見て、どうもいろんなものを想像してしまって、食欲が湧くような形ではないなあと思った。しかし、それは俺がそう思うだけのことであって、カムチャツカ人に言わせれば生唾の出る形と色なのかもしれない。

238

240

毒抜き

俺はさまざまな国を旅してきて、食に関する本を沢山出してきたので、「これまで食べてきた食べ物の中で世界一珍しいものは何でしたか?」といった質問をよく受ける。すると俺は何の躊躇《ちゅうちょ》もなく、「それは日本にあるフグ(鰒)の卵巣の糠《ぬか》漬けである」と答える。写真(243)がそれで、これに勝る珍しい食べ物は、地球上いくら探しても無い。

243

244

上子
245

ご存知のようにフグには大概テトロドトキシンという猛毒があって、うっかり口にすると死ぬ。取り分け卵巣は最も毒の濃いところで、ほんのちょっとで致死量に達する。おお恐い恐い恐ろしや。

ところが、石川県の美川町に行くと、何とこの猛毒を持つ卵巣の漬け物があるのだ。江戸期より能登半島や新潟県佐渡島でもつくられていたというが、今はこの美川町に残っている。「あら与」という店がその代表で、ここに行くと、この世界一珍しい食べ物と出合えることになる。毒抜きのメカニズムは、塩漬けした後の卵巣を糠味噌に漬けて3年も置くと、そこに生息している物凄い数の発酵菌が毒を分解してしまい無毒となるのである。まあ、彼らにかかったら、当たって恐いフグの毒でも弾を抜かれた鉄砲のようになっちゃうってわけだ。これを俺は「解毒発酵」と名付けたが、それにしても全く驚いた話だ。あれほどの毒は全く消えてしまい、今では美川町は勿論のこと、金沢市内や小松空港のお土産売り場でもこの奇跡の食べものが売られているのである。長い歴史の上で、これまで中毒例は全く無かったとのことであるから完璧だ。発酵王国日本の底力と、漬け物大国の伝統力、無駄を出さずに何でも食べてやれ、という執念、魚食民族のメンツなどがこのような珍しい発酵食品を生んだのであろう。

写真244は樽の中で発酵中の卵巣、245はその蓋を取って中を見た様子である。卵巣はしっぽりと糠味噌の中に埋められて姿さえも見えない。そして漬け込んでいる桶を見ると246、塩の結晶を析出しながら自然に着色した色素のために桶全体が鮮やかな赤桃色に着色している。この赤い色は濃い塩分濃度に限り発生するロドトルラという名の赤色微生物のためである。よくアフリカや南米辺りで赤紅色が美しいフラミンゴという足の長い鳥が塩分の多い湖でプランクトンを食べているが、あの色はそのプランクトンに混じって体の中に入ったロドトルラの色素である。

こうして糠味噌の中でフグの卵巣の毒は発酵分解され、消えるのであるが、その毒の抜けた卵巣をどうして食べるのかというと、軽く焙《あぶ》って酒の肴にしたり、ほぐし身をお茶漬けにして食べる。卵巣の山吹色が実に鮮やかで、誠にもって神秘的食べ物なのである。日本が誇る世界一の奇食珍品を読者諸君に、ぜひ一度の御召し上がりをおすすめする次第だ。

247

巨大ヤシガニを食う

247のヤシガニ（椰子蟹）はカニという名が付いてはいるが、正しくは巨大ヤドカリで、つまり「宿無しのヤドカリ」である。こんなに大きくなっては宿を貸してくれる貝もなく、南方の島々の海岸近くに穴を掘り、そこを棲み家にして落ちてきた果物を常食にしている。平均すると1キログラムぐらいになるが、俺が持ち上げているのは軽く5キログラムは超す、ギネスブック級の超大物である248。ハサミや脚にむっちりと美味な肉が詰まっていて、とりわけミソ（正しくは肝膵臓）は特に豊かに抱えている（写真はいずれも石垣島でのもの）。

茹でたヤシガニの肉身にそのミソを付けて食うと、あまりの美味《うま》さに腰を抜かすほどだ。特にミソは実に美味しく、また毛ガニやタラバガニ、マツバガニの比では無いほど味も濃い。ひと舐《な》めして仰天、ふた舐めして舌踊り、み舐めして頬落と相成る。その濃厚にして深いコク味といつまでも忘れられない後を引く濃い味は、これぞ「魔性の味」とみた。

(249)このミソを見よ。止めどもなく、涎を垂らしたまえ、諸君！

八重山の美魚

沖縄の魚は実に色がカラフルなのでどうもああいう魚には弱いよ、とか、沖縄は暖かい地方ゆえに、魚はそう脂肪を体に付ける必要がないから味は淡白過ぎるなあ、なんて言ってるそっちのお父さん、そんな考えは本日只今からかなぐりお捨て下さいますように。沖縄の魚介類は、実は北の海の魚と比べても全く遜色無いばかりか、魚によってはこっちの方が断然うまい、というものもいっぱいあるのだ。例えばグルクン、ハ

251

252

タ類、ブダイ類、アバサー（ハリセンボン）、イセエビ、シャコガイなどといったものの美味さは驚くばかりである。その上、暖かい海であるのだけれども、どの魚も豊か過ぎるほど脂肪がのっているので、不味《まず》い訳は無いのである。俺などは那覇市の牧志公設市場辺りを歩いていると、「あっ先生、魚買っていってよ！」なんて呼び止められるほど、沖縄の魚を食べ歩いているものだから、その辺りのことはよく知っているので嘘はつかない。

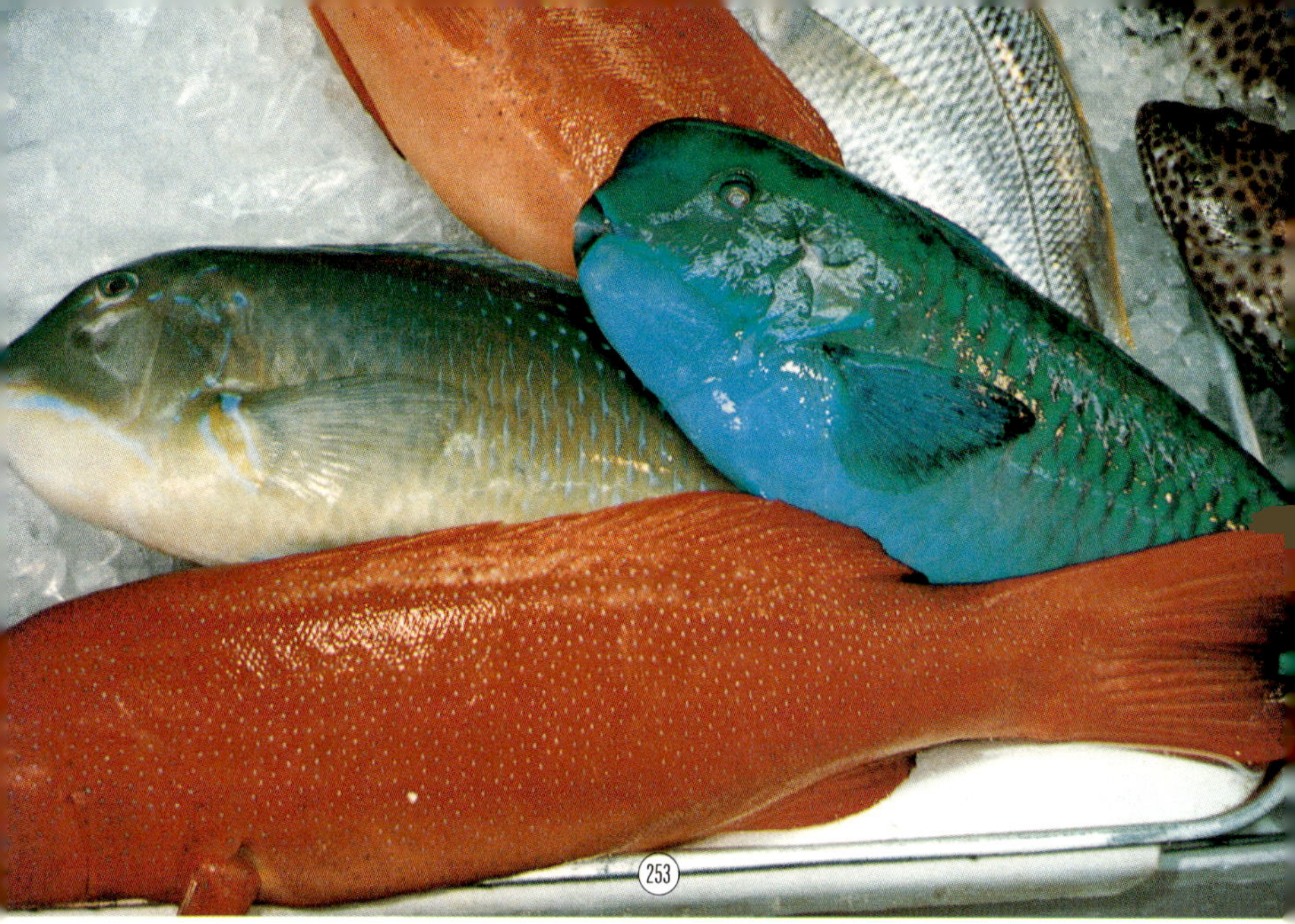

沖縄の魚の中で俺が一番好きなのは、ハタ（羽太）の仲間のアカミーバイ（アカハタ）という魚である。それを煮付けにしたり、潮汁《うしおじる》にしたり味噌汁にしたりして食うと、俺の頭の中は真っ白となって、ただひたすらその味だけに没頭することになる。そういうとき、俺の脳みそは、それまであった嫌なことや煩わしいことなど何もかも消えて、アカミーバイの世界だけに引き込まれてしまうのである。

例えば味噌汁仕立てにしたものを、最初のひと啜《すす》りすると、口の中にはたちまちのうちに上品な甘味を伴ったうま味の中に、脂肪とゼラチン質からのコク味が広がって、悶絶状態に陥るのである。そして、箸《はし》でアカミーバイの肉身をサクリとほぐすと、真っ赤な皮の下から無垢で純白な肉身が現れてきて、眩《まぶ》しいほどである。汁の表面には、豊満な脂肪が溶けて、キラキラキラとした美しい小さな玉模様が一面に広がっている。その神聖なほどの肉身を食べてみると、口の中ではホクリといった感じで崩れ、そこからまた上品な甘味と優しいうま味がチュルリチュルリと湧き出してくるのである。

写真250は俺がよく行く石垣市の郷土料理屋「しましん」の店のもので、潮《うしお》仕立てにしたものである。頭ごと入れるのはそれを包んでいる赤い皮がペロリと剝《む》けて、そこからペロンペロンとしたゼラチンと、ペナペナの脂肪のコク味が口に広がってきて、絶妙となるからである。とにかくこの魚は、どこを食っても美味であるから、捨てるところはほとんど無い。

さて、そのアカミーバイという魚、これだけ美味であるから沖縄では最高級魚として扱われている。だからいくら俺でも、そういつも極楽を決め込んでいるのではなく、ああ～どうしても食いたいなあ、今食わないでこのまま東京に戻るのは悔いが残るなあ、なんて、その願望極めて高揚したときや、時間刻みの忙しい日程を熟《こな》し、ほっとしたときなどは、懐《ふところ》具合《ぐあい》を見計らって贅沢するのである。

糸満市の工業団地の中にバラック建ての小さな食堂があって、その名を「マグロ基地」というのだが、マグロばかりを食わせるのではなく、多種の琉球魚介を食べさせる店である。交通も至便で、那覇空港からタクシーで20分ぐらいの所にあるので、ここで賞味することが多い。店に入るとただ一言「アカミーバイの味噌汁定食」。ちょっと高い（１５００円ぐらいだったかな）が、これが実に豪華でうまい。

さて写真251は石垣島の漁港に上がったばかりのアカミーバイを手にして得意満面の俺。ズシリとして大層重かった。いい色をしているじゃござんせんか。たっぷりと脂肪をのせて、腹の辺りのでっぷりぽってりとした感じは俺と変わりが無いほどだ。さて、その最高級魚が魚市場に出されたのが252。他の多くの魚は箱に雑に盛られて競売《せり》を待っているのに、さすがはアカミーバイ様だ。一匹売りでこのように専用の箱を独り占めしてデンと横たわっている。入札の札を見ると浜値で１キロ２６９０円也。料理屋に行ったら相当の値のつく魚ですなあ。美味しいわけだ。

とにかく沖縄、八重山の魚はカラフルだ。見て下さい[253]を。アオブダイの前にアカミーバイがあると、本当に鮮やかだなあと、目を細めてしまう。中には[254]のようにおでこがとび出た巨大な珍魚ナポレオンフィッシュなんていうのも当たり前に市場に顔を出してくるぐらいにして、本当に南の海の魚は美しく、美味しい。

箱に入っている小さな魚[255]は、実は大変に珍しいものだ。年に一度だけ、浜に押し寄せてくる生のアイゴの稚魚である。沖縄に行くと、この稚魚の塩辛「スクガラス」をよく見かけた人もいると思う。ビン詰にされて土産用に売っているあれだ。大体6月1日前後に一日だけ、糸満市（那覇市の隣街）の前浜に群れになって大量に押し寄せてくるのである。そのときは海面の色が銀色に変わるほどの大群だということだ。俺はちょうどそのとき、運よく那覇市にいたので、その日限りの生の味を堪能したことがあった。酢醤油で生のまま食べたが、シャリシャリという歯応えの中から、稚魚特有の淡白な味がして実に感激したのであった。

山漬け

諸君、(256)のこの塩引き鮭を見給え！　食の欲を勃隆《ぼつりゅう》とさせて、ぐっとそそってくるではないか。赤い色と白とのコントラストもすばらしい。もう今直ぐに切り身にしたものを焼いて、炊きたての飯《めし》のおかずにしてみたい思いに駆られまいか。

「昔の塩引き鮭はうまかったなあ、味が濃く、脂肪ものっていて、そして焼くと皮には何とも言えぬ香ばしさがあって、箸で身をほじくると、ピンク色の肉がほろろと身離れしてきて、少し渋味もあったりして…」何てことをよく耳にする。確かに一昔前の塩引きは実にうまかったし、それに比べれば今の奴はあまりうまくないことは俺も認める。なぜ今の塩引きが不味《まず》くなったかというと理由があって、昔の方法で塩引きをつくっているところがほとんど無くなったからである。

新潟県の村上市辺りに行くと、それはそれは昔の味のする美味しい塩引き鮭を今でも味わえるが、鮭の本場の北海道ではもうほとんど昔ながらの方法ではつくれなくなった。今のものの大半は、冷凍鮭の腹を割り、内臓を出してから普通の塩に塗《まぶ》し、それをそのまま出荷するか、少し乾燥機で身を締めてから出荷する。また、外国の産地（アラスカとかノルウェーなど）で現地人が鮭に塩を塗り、それをそのまま輸入し、売っているものもある。

しかし、昔から日本にあった正統なつくり方のひとつは、これから紹介する「山漬け」というもので、これで漬け上げた塩引鮭のうまいことといったら腰を抜かすほどだ。昔の本物の塩引きの味を知っている人は、この切り身を焼いて食って懐かしの美味を思い出し、感涙に咽《むせ》ぶことすらある。まあ、郷愁の味とでも言うのですかねえ、とにかくその味と匂いからノスタルジーを感じるのである。一連の写真は北海道釧路市で今でもその山漬けをつくっているカネセフーズ(株)で写したもの。では一体、山漬け法とはいかなるものか。

257

258

先ず、前浜で捕れたばかりの生きのいい鮭で、その上型もしっかりとよく、さらに脂肪もたっぷりとのっているものを材料にして、腹を裂いて内臓を出してから天然の塩をたっぷりと塗す(257)、(258)。次に漬け込み用の大きな容器（昔は桶を使っていたが、今はステンレス製の大きなバットを使用している）の内側に蓆《むしろ》を敷き詰め、そこに大量の天然塩と共に漬け込んでいく(259)、(260)。こうして一番上まで漬け込んで行ってから(261)、蓆で完全に被う(262)。そしてその蓆の上にも塩を山盛りに積んで10日から2週間ほどじっくりと漬け込みと熟成を行うのである（熟成の長いのは2カ月や半年というものもある）。そして、それを今度は引き上げてからじっくりと太陽に当てて干しておき(263)、出荷を待つのである。うまそうでありますなあ、この塩引き鮭、身を包丁で切るとスパン！と音を立てて切れて、その切り身を遠火の強火でしっかりと焼き上げ、皮の部分はキツネ色を少し越したぐらいで飯のおかずにして食う。た、た、たまりませんなあ、この時のうまい

259

260

261

262

味は。身がしっかりと締まっていて、やや甘味があって、皮と肉との間のブヨンブヨンとした脂肪なんざあ、もうそんじょそこらの塩鮭なんかと比べたら、段違いの横綱よ。

さてさて、塩引き鮭の話のついでに塩引き鰹《かつお》の話をしよう。実は珍しいものを伊豆半島は西伊豆町に行ったときに見つけた。この町の田子地区は江戸時代から鰹節の名産地で知られたところで、それを見に行った

265

266

ときに(264)のように鰹が太陽に当てられて干されていた。腹を裂いて内臓などを取り去り、それに腹側からも背側にも塩をたっぷりとすり込んで干したものだという。いわば塩引き鰹だ。俺はこれを見たのは初めてであったので、どんな味がするのか、一匹切ってもらって焼いてから飯のおかずにしてみた。焼いたものが(265)で、実に塩っぱかったが、飯のおかずにははなはだよろしく、とりわけ茶漬けにして食ったら舌が躍った。切ったものを酢に浸しておいて食うこともある(266)ということだった。

　山漬けの塩引き鮭は昔の味がしていたが、初めて口にしたこの塩鰹の味もきっと昔のままの味なのだろう。昔の人はいろいろなことを考え出す。

263

◉あとがき

私はこの40年近く、日本国内は勿論、地球の津々浦々に旅をして食の文化の周辺を見てきた。大学において生意気にも「食文化論」という講義をしているものだから、とにかく至るところの食の現場に行って自分の目と舌と鼻で確かめ、それを咀嚼《そしゃく》し、考察と整理をしてから教壇に立ち、学生たちにそれを固有の文化としてあからさまに伝える必要があったからである。

この間私は、おびただしいほどの数や種類の食べものや飲みもの、酒を口にしてきたが、その中にはあまりの美味のために頬っぺたを落としたり、感涙したり、また驚くべき不味《まず》さや臭みのために舌が抜けたり鼻が曲がったりしたこともあった。しかし、ずっとこのような食の旅、食の冒険を通していつも考えることは、人間の食を巡っての知恵の深さや発想の豊かさであった。またそこにはそれぞれの民族の食に対する執念や逞しさもたくさんあった。

このような、あるいは凄絶なほどの旅を通して、常に心をなごませ、ほっとさせてくれたのは大自然の景色であったり、古い建物であったり、自然にとけ込んでいる花や動物であったり、また子供たちの笑顔であった。とにかく私にとって旅の素晴らしさといえば人との出合いであり、食文化との出合いであり、そして目に見えるもの全てとの出合いであった。そこからはいろいろと考えさせられることも実に多かった。

それらのことを全て文章で伝えることは、何といっても臨場感が乏しくなってしまう上に、説得性にもいささかの欠如が生じるのではないかと思い、本書ではさまざまな現場の写真を多数掲載し、それを全てカラーで載せることにした。

本書から読者が、人の「食べること」の原点を考え、また旅の浪漫や魅力といったものを味わってくれれば『冒険する舌』の役割は十分に果たせるものと思う。

本書の出版にあたり、写真の一部を提供してくれた私の同僚の角田潔和教授、出版に際し貴重なアドバイスをいただいた集英社インターナショナル代表取締役・島地勝彦氏、編集から出版まで御苦労を願った同社編集長・田村浩倖氏、さらに素晴らしいデザインをしていただいた中城裕志氏に深謝する。

小泉武夫

冒険《ぼうけん》する舌《した》
〜怪食紀行秘蔵写真集《かいしょくきこうひぞうしゃしんしゅう》

2003年11月10日　第1版　第1刷発行

著　者●小泉 武夫《こいずみたけお》
発行者●島地勝彦
発行所●株式会社　集英社インターナショナル
〒101-8050　東京都千代田区一ツ橋2-5-10
電話　出版部(03)5211-2632
発売所●株式会社　集英社
〒101-8050　東京都千代田区一ツ橋2-5-10
電話　販売部(03)3230-6393
制作部(03)3230-6080

印刷所●大日本印刷株式会社
製本所●大日本印刷株式会社

定価はカバーに表示してあります。

Printed in Japan　ISBN 4-7976-7078-9 C0095